制度距离对中国企业
对外直接投资的影响

——区位选择与创新绩效

**THE IMPACT OF INSTITUTIONAL DISTANCE ON
OUTWARD FOREIGN DIRECT INVESTMENT OF
CHINESE ENTERPRISES**

Location Selection and Innovation Performance

刘 婧 ◎ 著

中国财经出版传媒集团

经济科学出版社
Economic Science Press

图书在版编目（CIP）数据

制度距离对中国企业对外直接投资的影响：区位选择与创新绩效/刘婧著．—北京：经济科学出版社，2023.2

ISBN 978 - 7 - 5218 - 4589 - 1

Ⅰ.①制… Ⅱ.①刘… Ⅲ.①企业－对外投资－直接投资－研究－中国 Ⅳ.①F279.23

中国国家版本馆 CIP 数据核字（2023）第 037533 号

责任编辑：刘战兵
责任校对：隗立娜
责任印制：范　艳

制度距离对中国企业对外直接投资的影响
——区位选择与创新绩效

刘　婧　著

经济科学出版社出版、发行　新华书店经销

社址：北京市海淀区阜成路甲 28 号　邮编：100142

总编部电话：010 - 88191217　发行部电话：010 - 88191522

网址：www. esp. com. cn

电子邮箱：esp@ esp. com. cn

天猫网店：经济科学出版社旗舰店

网址：http：//jjkxcbs. tmall. com

北京季蜂印刷有限公司印装

710×1000　16 开　10.5 印张　141000 字

2023 年 2 月第 1 版　2023 年 2 月第 1 次印刷

ISBN 978 - 7 - 5218 - 4589 - 1　定价：46.00 元

（图书出现印装问题，本社负责调换。电话：010 - 88191545）

（版权所有　侵权必究　打击盗版　举报热线：010 - 88191661

QQ：2242791300　营销中心电话：010 - 88191537

电子邮箱：dbts@ esp. com. cn）

前　言

　　中国企业在"走出去"以及"创新驱动发展"的国家重大战略推动下，国际化的步伐逐渐加速，海外投资的规模和范围也日益扩张，投资质量不断提升。由于跨国公司处于东道国和母国的二元环境之中，跨国经营过程中面临很多不确定性因素，对于新兴市场经济体企业而言，制度距离的影响尤为关键。不同于发达经济体的跨国企业，中国企业的海外投资具有投资方向和投资动机多元化的特点，制度距离及其不同维度在企业投资区位选择中的影响机制也具有一定的差异。同时，海外投资汇集多种创新资源，通过知识转移和技术溢出可以提升跨国企业的创新绩效，这已成为中国企业在国际市场上获取竞争优势的重要源泉。而在此过程中，制度距离究竟是产生了阻滞作用还是起到了积极影响，目前学术界并未有一致的结论。虽然制度理论在国际商务领域的研究与日俱增，但针对新兴市场经济体却未给出明确具体的研究建议，依然存在一定的探索空间。本书主要分为两个部分。

其一，制度距离对 OFDI① 的区位选择的影响。该部分主要应用制度理论、区位选择理论，整合制度套利和外来者劣势等理论构建了国家宏观层面的正式与非正式制度距离与企业区位选择的面板数据模型，采用混合最小二乘法、固定效应模型、随机效应模型以及 Hansen 门槛效应模型检验正式和非正式制度距离的影响差异，并根据投资方向、时间维度和制度距离的细分维度分组别进行比较检验。研究结论表明：第一，总体上，中国跨国企业倾向于选择正式制度距离比较远的国家进行投资，而非正式制度距离没有表现出明显的线性影响。基于不同投资方向，正式制度距离在顺向和逆向投资中具有投资促进作用；非正式制度距离对于水平和逆向投资具有投资抑制作用。第二，基于时间维度的检验表明，正式制度距离和非正式制度距离的影响都逐渐呈现出显著的投资抑制作用。对于细分制度距离维度而言，无论是作用方向还是作用强度都表现出明显的分异性。第三，非正式制度距离在 OFDI 区位选择中具有单一门槛作用，并且在越过门槛值后，距离增加所引致的投资抑制作用更为显著。

其二，制度距离对 OFDI 企业创新绩效的影响。基于制度理论、资源基础观和知识基础观以及技术溢出等理论，并且结合国际化经验和高阶梯队理论，在微观层面上面采用中国上市企业数据构建零膨胀负二项回归模型，分别检验正式制度距离和非正式制度距离对于 OFDI 企业创新绩效的影响，以及企业

---

① 依据商务部和国家统计局共同制定的《对外直接投资统计制度》，对外直接投资（outward foreign direct investment，OFDI）是指国内主体以现金、实物、无形资产等方式在境外设立或购买海外企业，并以控制该企业的经营管理权为核心的企业行为。

的国际化经验和高管的海外背景在制度距离对 OFDI 企业创新绩效影响中的调节作用，并区分企业的所有制特征。研究结论表明：第一，正式制度距离对 OFDI 企业的创新绩效具有促进效应，而非正式制度距离对 OFDI 企业的创新绩效具有抑制作用。第二，国际化经验在企业组织层次和个人高管层次对于制度距离作用于 OFDI 企业创新绩效的关系起到了部分调节作用：企业的国际化深度经验正向调节正式制度距离对于创新绩效的影响，负向调节非正式制度距离对于创新绩效的影响；高管的海外背景负向调节非正式制度距离对于创新绩效的影响。第三，正式制度距离对于民营 OFDI 企业创新绩效具有正向影响，对国有企业没有显著影响；非正式制度距离对国有和民营 OFDI 企业创新绩效都有影响，但前者为抑制作用，后者为促进作用。此外，企业国际化经验以及高管的海外背景对于制度距离作用于国有和民营 OFDI 企业创新绩效的调节关系表现亦不一致。

本书研究的意义在于以下几点。第一，拓展了制度理论的应用边际，基于创新结果，为中国企业 OFDI 的前因研究提供了新的理论视角。第二，对于制度距离进行细分维度的比较研究，特别强调新兴市场经济体 OFDI 中非正式制度距离的影响，并基于不同投资方向细致刻画敏感性制度因素及其呈现的非线性特征，有助于深化对于新兴市场经济体跨国企业 OFDI 制度因素的认识与理解。第三，从企业组织的国际化广度、深度层面以及个人高管层面界定国际化经验，丰富了国际化经验的内涵，并拓展了其结果的研究；实证检验了这两个维度对于制度距离作用于企业创新绩效的调节作用，以更好地识别制度距离影响企业创新绩效的机制条件。同时研究结论可以在实践上为中国政府部门构建促进企业海外投资制度环境提供借鉴意义，为企业进行跨制度、跨文化管理，并从多视角权衡和制定海外投资战略提供指导。

目　　录

第1章

绪　　论

1.1　研究背景

　　中国自21世纪初积极实施"走出去"战略,中国的跨国企业通过对外直接投资全面融入国际市场,而对外直接投资作为中国经济和国家战略的地位已经越来越凸显。党的十九大报告明确指出,要突出"走出去"质量效益,引导企业创新发展,提升企业国际化经营水平,加快培育国际经济合作和竞争新优势。党的二十大报告也强调,要坚持高水平对外开放战略,推动规则、规制和标准等制度型开放,以国内大循环为主体,提升国际外循环的质量和水平,形成具有全球竞争力的创新生态。商务部、国家外汇管理局和国家统计局联合发布的2019年和2020年《中国对外直接投资统计公报》显示,截至2019年底,中国共有约2.75万家境内投资企业在全球188个国家(地区)设立境外企业超过4.4万家,境外企业资产总额达到7.2万亿美元。年末OFDI存量总额达2.2万亿美元,流量规模占全球规模连续4年超过10%,继续蝉联全球第三位。2020年受新冠疫情影响,在发达经济体整体投资流量下滑超过50%的情况下，中国对外直接投资逆势增长，投资流量规模达到1537.1亿美元，首次跃居世界首位，占全球份额的20.2%。中国通过OFDI企业"走出去"，改善国内企业绩效，搭建全球资源整合和要素聚集平台，既为全球价值链重构及优化治理做出贡献，也为加快中国产业结构升级提供重要的支撑。与此同时，近年来国际保护主义持续盛行，美国等西方发达国家不断主张及推动制造业回流。发达国家逆全球化思潮的出现，使得发展中国家面临的投资需求缺口扩大，进一步压缩了发展中国家的后发赶超空间，中国企业对外投资的不确定性风险也随之攀升。

跨国公司嵌套于母国和东道国的二元环境之中，跨国经营因来自母国和东道国在诸多方面差异而造成不确定性因素。中国企业在对外投资的区位决策中要适应性地嵌入东道国的正式制度与非正式制度之中，除了母国和东道国自身制度的影响，对于差异性影响的考虑也十分关键。中国作为新兴市场经济体，一方面，企业的跨国经营必将面临东道国的制度约束形成"外来者劣势"；另一方面，东道国的制度缺失或者制度优势也为中国企业海外投资提供了机遇。从目前中国企业跨国投资的经验来看，能够规避东道国制度风险、充分利用其制度并融入当地制度环境，是海外投资成功的关键因素之一。

企业作为国际化的主体，不能单纯主导对外投资规模的扩张，投资质量和效率的提高与中国目前的"创新发展，高水平对外开放"的国家发展理念更为契合。企业技术和创新能力直接关系到区域和国家竞争力。伴随对外投资规模的扩张，中国跨国企业进行OFDI是否会提高创新绩效也逐渐引起关注。依赖单一、静态的企业能力势必导致企业被淘汰，而一味坚持原始创新显然也不切实际。目前中国企业整体技术水平有所提升，但是仍不具备绝对优势。从世界范围内获取创新资源，这不仅有利于先行企业发展，更有助于后发企业获得学习机会，为企业创新提供原动力。目前，中国跨国企业整合全球资源的能力正在逐步提升，研发创新的水平也不断增强。从华为、联想和海尔等跨国企业的经验看，重视知识产权保护和研发激励，聚焦于技术开发与产品的服务创新，是打造企业核心竞争力的源泉（万志宏和王晨，2020）。为有效提升企业的技术水平，除了依靠自主研发、探索突破式创新之外，一方面要依赖于国际化活动的知识吸收利用，另一方面则依赖于制度缺失的完善和积极响应。新兴市场经济体 OFDI 的主要目的是获取专有性资产，实现创新能力的跃升。中国跨国企业设立海外子公司或者研发机构，有利于吸收国外技术，并通过企业的内部机制向母公司溢出和转移，并在母国的企业之间形成技术扩散，产生集聚效应。适宜的制度环境有助于降低交易成本，减少交易风险，从而提升企业创新绩效。跨国企业在实践中需要充分识别复杂多变的国内和国际制度环境，并且根据自身成长目标，对制度环境做出合理响应，有效获取并利用创新资源，构建高效的对外投资技术反馈机制，既保持战略柔性又充分把握机会，寻求突破。作为新兴市场经济体的后发企业，在竞争激烈、高不确定性、制度环境复杂的背景下，应该如何做出战略选择？这显然是中国企业国际化实践中值得高度关注和深入研究的问题。

自 20 世纪 80 年代末以来，越来越多新兴市场经济体的本土企业开始实施国际扩张战略，制度距离作为影响企业对外投资的重要因素（Habib & Zurawicki，2002；Wright et al.，2005；Wang et al.，2012；Liu et al.，2020），也逐渐引起关注。尤其对于新兴市场经济体企业的战略及绩效，制度理论的影响更为显著。虽然国际商务理论中的交易费用理论、资源基础观、组织学习理论、社会网络理论和动态能力理论等都对企业的国际化具有较强的解释力，但是制度理论对于新兴市场经济体的本土和外国企业的企业战略和经营绩效的影响则更为显著（Wright et al.，2005）。制度理论的核心是强调组织实践和运营所处的各种环境间的相互作用，新兴市场经济体的企业国际化战略正是组织和制度进行动态交互的结果。虽然有关制度理论在国际商务领域的研究与日俱增，但针对新兴市场经济体不同于发达经济体的制度现实，却未给出明确具体的研究建议。目前的研究尚存在以下探索空间：第一，在制度变量的测量和数据收集方法上，调查法虽然能够较为详尽地测度企业所处领域特定的制度环境，但是这种方法通常只应用于横截面研究。而基于二手数据进行研究也多以宏观层面为主，对研究企业组织的特征、行为和能力缺乏深度刻画。第二，已有研究主要考察了国家和国际制度、管制和规范制度差异以及制度缺失性和不确定性对新兴市场经济体企业 OFDI 的影响，而非正式制度距离以及制度的多样性却很少被应用到新兴市场经济体企业 OFDI 的研究（黄胜等，2015）。传统制度研究多以正式制度距离或者管制制度距离为研究对象，但却忽略了像中国这类新兴市场经济体母国制度因素驱动的特殊性和非正式制度距离的重要性（Banalieva & Dhanara，2013）。第三，早期的部分研究将制度作为情境变量的做法未能深入解释新兴市场经济体的企业战略行为和绩效，而将制度因素作为自变量的后期研究，虽然分析了组织与制度环境的交互对于新兴市场经济体企业国际化的影响，但是未能深入揭示其机制机理。此外，值得关注的是，虽然新兴市场经济体企业并不具备所有权优势，但是在国际化过程中所使用的很多资源和能力都源于母国独特的制度环境。第四，中国企业国际化的创新创业导向明显，相较于企业的经营绩效，创新绩效所受到的关注显著增加。中国企业 OFDI 的动机也越来越倾向于通过海外投资来获得先进技术以实现企业创新能力的提升。尽管已有不少企业对通过 OFDI 来获取技术创新进行了尝试，但并非所有的企业都得到了预期的效果。在以往的研究中大多将制度因素看作是外生的情境因素，而忽视制度对 OFDI 企业创新绩效的直接作用和实现机制。针对对外投资的研究在国际经济和国际商务领域都已经积累了丰硕的成果，但从制度因素、OFDI 和企业行为及战略关系角度研究的文献并不完善。基于制度理论、跨国公司和国际投资理论的交叉领域发展以及企业数据可获得性增强都为解决本书所研究的问题提供了契机，而中国作为转型经济体，同时具有技术寻求型投资以及资源开发利用型投资等多重投资模式，这也为本书提供了良好的研究情境。

1.2　研究目的与意义

本书撰写的初衷是探讨中国企业的海外投资究竟是传统国际商务理论的实践者还是挑战者，进而探索正式与非正式制度距离对于中国 OF-DI 企业从投资区位倾向到投资创新绩效的影响机理，并进一步探析区位选择中制度距离的细分维度影响和分异性，以及制度距离作用于创新绩效的调节机制，厘清制度因素对 OFDI 影响的多重"双元性"，试图为中国企业 OFDI 的战略选择以及跨制度、跨文化管理提供实践参考，为政府制度建设和构建海外制度环境提供相应的政策建议，对新兴市场经济体的制度理论和国际投资理论进行补充。本书主要针对以下问题开展研究。第一，基于跨国企业国际化的决策阶段，制度距离如何作用于中国企业 OFDI 的区位选择？正式和非正式制度距离的影响有何区别和关系？针对不同的投资方向和不同的距离维度，制度距离的影响表现出哪些特征？第二，从企业国际化的结果来看，在微观企业组织层面，正式制度距离和非正式制度距离对 OFDI 企业的创新绩效的作用机制如何？国际化经验是否是减少制度障碍约束的有效途径？又有哪些异质性表现？

本书的研究试图在理论上做到以下突破：第一，从宏观和微观两个层面研究中国企业的海外投资，以此表达新兴市场经济体制度因素的异质性影响。新兴市场经济体企业 OFDI 的动机和母国制度环境与发达经济体截然不同，传统国际商务理论的解释力和适用情境显然有所局限，中国企业 OFDI 的制度嵌入多元性和制度环境的复杂性能够为制度研究和国际投资理论提供更为丰富的理论依据。第二，对于制度差异进行细分维度比较研究，特别强调新兴市场经济体 OFDI 中非正式制度的影响。非正式制度距离是作为不完善的正式制度距离的补充，对于新兴市场经济体国家尤为重要，是遭遇"外来者劣势"以及获取"外来者优势"的重要源泉。本书将正式制度距离和非正式制度距离放置在一起进行比较研究，并将制度维度进行细化，以提供完整细致的制度环境和企业投资行为的交互框架。第三，制度距离对于区位选择和创新绩效的影响方向及作用强度是否一致和稳健目前还是未知的，将制度距离作为核心因变量直接用于解释 OFDI 企业的创新绩效并进行机制研究，拓宽了制度理论研究的层次。

东道国与母国之间的经济差距、地理距离这些因素的投资效应能够明确判断，但是面临法律、政治、社会文化等各种国际制度环境的差异和约束时，究竟是"距离产生美，还是距离造成隔阂"，正式制度距离和非正式制度距离的影响孰轻孰重，怎样应对，这些都需要企业在国际化行动之前明确做出判断。另外，中国企业对外投资的现实目的，除了开拓市场、获取自然资源外，另一重要原因是寻求技术，提高创新水平。国家制度距离与企业制度交织，如何获得高效的技术溢出并被母国企业所吸收利用从而提高创新绩效，本书试图从企业组织和高管个人层面探索国际化经验在这一过程中的具体效应，这有利于进一步解释制度因素的作用机制，从跨国企业战略决策和战略效果的角度探索"走出去"的过程中如何识别并能动响应制度环境的策略，对于中国 OFDI 企业具有实践参考意义。

1.3 主 要 内 容

本书内容分为以下五个章节。

第 1 章，绪论。概述研究背景、研究的目的和意义、研究内容和研究创新等。

第 2 章，对外直接投资与制度距离概述。第一，阐述国际商务研究中经典的垄断优势、内部化和国际生产折中范式等理论，并主要针对新兴市场国家对外直接投资的技术寻求理论、LLL 理论以及跳板理论等文献进行梳理。第二，对于制度研究的两个主要学派以及制度距离的定义、维度进行阐述，并解释制度距离作用于对外直接投资的机制。第三，对于新兴市场经济体对外直接投资的区位选择以及制度距离影响对外直接投资区位选择的文献进行回顾并评述。第四，梳理制度距离对于OFDI 企业正向和负向创新绩效影响的文献并进行评述。

第 3 章，制度距离对于 OFDI 区位选择影响的研究。首先，对于研究假设中涉及的相关理论进行阐述，包括制度套利理论、外来者劣势理论与外来者优势理论。其次，提出研究假设：在投资区位决策阶段，中国企业顺向和逆向投资会选择正式制度距离较大的国家，而水平投资会选择正式制度距离较小的国家；中国企业总体上倾向于选择非正式制度距离较小的国家进行投资，存在门槛效应且不同的投资方向会有异质性表现。最后，基于双边投资引力模型和面板数据，将制度距离作为解释变量构建模型，分别检验正式制度距离和非正式制度距离的影响差异以及是否具有门槛特征，并根据投资方向、时间维度和制度距离的细分维度分组别进行比较检验。

第 4 章，制度距离对于 OFDI 企业创新绩效影响的研究。首先，运用资源基础观和知识基础观解释企业 OFDI 对创新绩效的影响机理、企业国际化经验的概念界定与维度、高管海外背景的界定与高阶梯队理论等。其次，提出研究假设：正式制度距离对于 OFDI 企业的创新绩效总体上具有正向影响；非正式制度距离对于 OFDI 企业的创新绩效总体上具有负向影响；企业的国际化经验和高管的海外背景对于制度距离与OFDI 企业创新绩效的关系具有调节作用。最后，以上市公司作为研究对象，采用 ZNIB 方法分别检验正式制度距离和非正式制度距离对 OFDI

企业创新绩效的影响，检验企业国际化经验和高管的海外背景在制度距离对 OFDI 企业创新影响中的调节作用，并且区分企业的所有制特征。

第 5 章，结论、启示与展望。总结概括本书主要的研究结论，并依据研究结论得出现实的启示，给出政策建议。对本书研究的贡献与局限性进行说明，提出未来改进和研究发展的空间。

1.4　研究创新

首先，研究层次的整合。第一，本书从制度因素如何影响中国跨国公司对外直接投资这一基本问题入手，在宏观层面以新兴市场国家的国际商务理论为基础，探寻国家制度距离及其他宏观因素对于企业区位决策的影响；在微观企业组织层面找到基于"企业环境－企业行为能力－企业绩效"范式的组织管理证据，结合企业特征进一步刻画制度距离对 OFDI 创新绩效的影响机制以及异质性表现，将 OFDI 过程的决策和结果两个阶段的制度因素影响进行比较。第二，从企业组织层次的国际化战略层次和聚焦于高管团队成员个人层次的两个方面定义和整合国际化经验，研究企业对于制度距离的响应机制。

其次，研究维度的拓展。既有研究文献对于制度因素的指标选取通常只选择单一维度或者综合维度，很少有基于制度理论内部和理论之间的整合。国际商务领域的投资区位研究尽管历时已久，成果也颇为丰富，但是中国企业 OFDI 对于不同东道国的投资动机是有区别的。此外，对于正式制度距离和非正式制度距离的细分距离维度影响、非线性的特征，基于 OFDI 方向进行分组检验，细致分析对于不同类别东道国投资的敏感性制度距离因素。本书对此进行区分并进行比较，试图诠释不同投资方向的制度距离的作用机制，并从时间维度上解释制度距离影响的动态性。

最后，研究视角的丰富。第一，以往企业层面的制度研究很多是将制度因素定义为外部情境，在研究模型中多数是作为主效应的调节因素出现，将制度距离作为解释变量的研究为数不多。而本书将制度距离与OFDI 企业创新绩效相结合，认为国家间的制度距离对于跨国企业海外投资实践具有直接影响，将其作为核心解释变量进行研究。第二，现有文献中，关于国际化影响企业创新绩效的研究并不少见，但其研究结论比较分散。而本书并没有检验其直接作用路径，而是将其纳入企业国际化经验的概念框架，并联合个人层次的高管团队成员的国际化经验，研究国际化经验是否对制度距离作用于 OFDI 企业创新绩效的关系具有调节作用，从 OFDI 企业创新绩效的前因解释变量变为制度因素影响的机制变量。

第2章

对外直接投资与制度距离概述

2.1 对外直接投资理论的发展

20 世纪 60 年代以来，跨国公司及其海外投资的迅速发展引起了国际商务学者的普遍关注，对外投资理论不断发展。自海默（Hymer，1960）开始，西方学者从如何发挥跨国公司的特定优势的视角构建了对外直接投资的理论框架。其中，主要理论包括垄断优势理论、内部化优势理论以及国际生产折中范式等。尤其是 OLI 理论（Dunning，1977）的提出，全面深入地解释了发达国家跨国企业的 OFDI 条件和动机，而后在对外直接投资领域的研究中得到了广泛应用。

20 世纪 80 年代以后，伴随新兴市场经济体对外直接投资的兴起，传统的对外直接投资理论遭到明显的挑战。发展中国家跨国公司对外直接投资的原因不仅在于企业的特定优势，还表现为母国的特定优势以及经济发展需求（Kojima，1978；Wells，1983）。21 世纪初以来，伴随新兴市场经济体对外直接投资的快速发展，寻求战略资源等有别于传统对外直接投资的新理论相继产生。这些理论从区位选择（Buckley et al.，

2007）、制度环境（Luo et al. , 2007；Stoian, 2013）等不同视角展开了研究。

2.1.1　发达国家主要 OFDI 理论

1. 垄断优势理论

海默（Hymer）于 1960 年提出"垄断优势"这一概念，是基于企业产业组织的特征分析跨国公司的对外直接投资行为。跨国公司在市场份额、资金、技术以及规模经济等方面难以被替代的先发优势，即"垄断优势"（monopolistic advantage）或"企业特定优势"（firm specific advantage，FSA）。企业正是由于拥有这种特定优势，才能克服外来者劣势，从与东道国本土企业的竞争中获得优势，从而在跨国经营中获取利润。垄断优势理论成为跨国投资新理论范式产生的标志。跨国企业希望通过对外直接投资获得海外市场的超额利润，并通过垄断优势降低风险，增加收益。当垄断优势引致的超额利润高于进入障碍的成本时，对外直接投资就会发生。后期学者的研究对垄断优势的内涵进行了拓展。如约翰逊（Johanson, 1970）认为，发挥知识资产垄断优势是跨国企业进行对外直接投资的主要动机。而卡夫斯（Caves, 1971）认为，由于技术、知识等专有资产的前期开发成本高昂，但其边际成本却较低，所以最大限度地发挥这些垄断优势对于企业而言非常有意义。因此，很多发达国家跨国企业进行对外直接投资的关键在于利用要素及产品市场的不完全能力。

2. 内部化理论

巴克利和卡松（Buckley & Casson, 1976, 1981）从科斯（Coase, 1937, 1960）的交易成本理论出发，构建了基于市场不完全性的内部化理论。内部化是指跨国公司通过并购、设立海外子公司等方式，以内部管理代替市场机制的做法。通过收购海外公司，在市场制度较不完善的东道国，能够以较低的管理成本销售技术和品牌等以知识为基础的中间产品，从而提高企业利润，使企业具备跨国经营优势。该理论认为，跨国公司的产生并不是源于垄断优势所形成的进入壁垒，而是因为通过建立企业内部市场代替不完善的外部市场，从而降低中间产品在跨国转移中的交易成本，提升交易效率（吴先明，2019）。鲁格曼（Rugman，1981）对该理论进行了拓展，认为跨国公司对外直接投资的本质是管理所有权，其目的在于扩张控制权而非转移资本。坎特维尔皮希泰洛（Cantwell & Piscitello，2000）认为，除了降低交易成本之外，对外投资所带来的企业内部知识交流也能产生内部化收益。虽然内部化理论对于对外直接投资提供了原因解释，但是仍然不能解析跨国企业国际化模式选择的动态变化机理。

3. 国际生产折中范式

邓宁（Dunning）于 1977 年提出 OFDI 的国际生产折中理论，也称为 OLI 范式（ownership-location-internalization，OLI）。该理论认为，首先，跨国经营必须拥有所有权优势，即拥有独特的、其他企业难以复制的垄断优势或竞争优势，这是海外扩张的初始前提，能确保企业对跨国经营的成本进行补偿，并与潜在的竞争对手进行有效竞争。其次，由于市场壁垒和信息不对称导致市场不完全竞争，企业通过组织内部转移这些所有权优势可以节约交易成本，比通过外部市场机制更为有利，即内部化优势。最后，由自然条件、要素禀赋和企业运营所嵌入的制度环境等所形成的区位优势，使得某些国家相对其他国家更具有吸引力。跨国企业只有在同时具备上述三种优势的条件下，才会进行对外直接投资；否则，企业国际化的方式就只有出口或者是技术转让。邓宁的国际生产折中范式较详尽地解释了跨国公司对外直接投资的动机，也展示了企业如何选择国外合作的模式，成为对外直接投资动因研究颇具影响力的理论，但是该理论框架较为注重静态均衡状态分析，忽视了动态的过程。因而邓宁（Dunning，1981）又在 OLI 理论的基础上构建了投资周期理论的 IDP 模型，同时包括企业上述三类优势和时间因素。除了投资动机，该理论还揭示了跨国公司进行区位选择的动态变化问题。

2.1.2　新兴市场经济体的 OFDI 理论

20 世纪 80 年代以来，新兴市场经济体的企业 OFDI 出现了新的特征。第一，企业在创设之初或刚建立不久就进入国际市场，即为天生国际化或早期国际化（Autio et al.，2000；Knight & Cavusgil，2004）；第二，很多企业是从新兴市场经济体"逆向"进入发达经济体进行投资区位选择，这与乌普萨拉模型（Johanson & Vahlne，1977）的渐进国际化过程并不一致。

新兴市场跨国公司国际化理论的研究也受到广泛关注，同时也为上述现象提供了一定的解释。这些理论超越了传统的国际商务理论范式，对新兴市场经济体企业国际化的动机和机制做出了有力解释，揭示了其独特的国际经营战略路径，提供了全新的理论分析框架。除了市场寻求和资源寻求目的之外，战略资产或者技术资源寻求是新兴市场经济体企业海外投资的主要目的之一，制度条件也成为投资区位选择的重要决定因素。

1. 技术寻求理论

自 20 世纪 80 年代末开始，新兴市场经济体跨国企业对发达国家的直接投资表现出明显的技术寻求动机。这一动机的根源在于，这些企业能够通过 OFDI 持续学习和获取知识，提升自身的竞争优势；技术和创新能力的增强又进一步助推其 OFDI 行为（李兰，2018）。虽然时间漫长，但这一过程的确加快了亚洲新兴市场国家的技术进步速度，后发企业可以通过对外直接投资行动获得特定东道国的技术（Arora et al.，

2001)。技术寻求理论解释了后发国家进行逆向 OFDI 的主要动因，符合很多发展中国家积极利用全球市场获取技术的现实。

基于技术寻求 OFDI 的母国技术进步效应研究由来已久。科格特和张（Kogut & Chang，1991）在研究日本对美国投资的过程中最先发现这一效应，随后很多学者从新兴市场跨国企业 OFDI 的逆向技术溢出视角解释了该效应。国内部分学者验证了我国企业的 OFDI 具有明显的逆向技术溢出效应，显著促进了国内的技术进步（赵伟，2006；李梅和余天骄，2016；马相东，2022）。

2. LLL 模型

LLL 模型又被称为"赶超理论"。该理论源于对后期工业化国家如 19 世纪的奥地利和德国的研究，后来被用于解释东亚新兴工业化国家的对外投资现象。马修斯（Mathews，2006）提出的跨国公司的国际化分析模型，分为互联（linkage）、杠杆化（leverage）和学习（learning）3 个步骤，在解释新兴市场经济体跨国公司对外投资活动的模型中很具有代表性。马修斯（Mathews，2006）认为，发展中国家的跨国公司进行对外直接投资的目的并非利用其自身的竞争优势，而是市场和战略资产的寻求等。因此，新兴市场经济体的企业可以利用海外扩张与全球化相联系，并利用其自身的规模比较优势以及标准化生产技术获取新的资源和能力。因此，知识管理和组织学习成为后发企业赶超和成功的关键因素。

3. 跳板理论

跳板理论是研究新兴经济体企业国际化的核心理论之一。陆亚东和董林雪英（Luo & Tung，2007）认为中国跨国企业的重要战略目标是充分利用海外资源，参与全球竞争，这与传统商务理论对于发达经济体的跨国企业的 OFDI 动因明显不同。跳板行为假设新兴市场经济体的跨国公司从对外投资之初就积极地寻求战略资产，并利用其增强的核心能力和特定优势，克服母国的市场约束和制度劣势，识别与捕捉国际市场机会，并通过收购或购买关键资产和风险承担，改善落后的境地。这些企业通常不依赖传统的渐进化的路径进行区位选择，其对外投资或许是源于几种压力，如落后的地位、强大的竞争对手、技术的迅速变革以及本土的制度约束。

跳板理论将企业 OFDI 的动机分为资产寻求和机会寻求两种类型。前者包括获取自然资源、技术、人力资本、营销渠道和全球化经验等，后者包括克服本土制度缺陷、绕过东道国贸易和税收壁垒、开拓市场和发挥低成本生产能力等。跳板理论强调，新兴市场经济体跨国企业通过获取战略资产，促进探索性创新与利用性创新从而提升全球竞争优势（张红霞和杨蕙馨，2020）。与此同时，"跳板"行为也通过母国政府鼓励、发达经济体企业的战略资产分享等渠道获得诸多机会。当然"跳板"行为本身也会面临很多挑战，如治理和问责制不足、缺乏专业知识和国际化经验，以及技术基础和创新能力薄弱等。

2.2　制度理论与制度距离

2.2.1　制度研究的理论学派

制度理论尤其关注组织在制度环境中的嵌入性，其分析层次具有多样性，制度理论按照概念和影响机制被分为两个主要学派：组织制度理论学派和制度经济学派。

1. 组织制度理论

组织制度理论植根于社会学，制度被视为环境的关键组成部分。组织制度理论的核心不是以组织的预期效率和效果为目标，而是强调组织结构和流程的意义及自身的稳定性。社会结构对组织的约束作用，突出塑造组织的认知特性，即强调组织结构和实践的同质性趋向，这也是与经济制度理论的界限。迈耶和罗恩（Meyer & Rowan，1977）认为，符合制度可以给组织带来合法性，这是决定组织生存的关键因素，凸显了现代化进程中制度约束的作用。迪马吉奥和鲍威尔（DiMaggio & Powell，1983）则进一步发展了制度同形和组织场域等概念，并细化了同形机制的类别。现代组织在市场中变得相似并非由竞争同形所导致，而是外部制度约束造成的制度同形的结果。促进同形的机制有三方面：（1）强制性同形，指源于拥有组织所依赖资源的国家、政府等实体的压力，即这些权力机构给予组织的法律法规等规定；（2）模仿性同形，即组织在不确定性环境下对高绩效组织的模仿或复制；（3）规范性同形，即同类职业组织成员因为认知相似造成的组织行为扩散所形成的社会规范。合法性是指组织行为被内外部利益相关者认可和接受的程度（Kostova et al.，2008），以及与广泛存在的既有规则、规范和信念一致的程度。当组织结构和过程服从制度压力并遵循社会规范时，组织经营就能获取更高的合法性、更丰富的资源和更强的生存能力（Oliver，1997）。

斯科特（Scott，1995）认为制度在不同层面上通过文化、社会结构和组织惯例等载体实现对组织的控制。制度由三个基本要素构成：管制性维度（regulative pillar），即通过设立规则和奖惩等形式监督组织行为；规范性维度（normative pillar），即通过社会价值观和社会规范中的角色期望来约束组织行为；认知性维度（cognitive pillar），即组织构建其制度环境，并以此赋予组织行为相关意义。管制性、规范性和认知性维度分别通过强制性同形、规范性压力和模仿过程三个机制约束组织，使组织行为与制度环境要求相符。

制度距离最初的定义正是从此角度将制度的"三大支柱"概念化：监管（法律和规则）、认知（普遍存在的认知结构）和规范（社会价值、文化和规范）。因此，两国间的制度距离被定义为两国管制性制度、认知性制度和规范制度之间的差异（Kostova，1996）。国家之间不但制度不同，在某些"合法性"职能的执行方式上也有所差异。企业跨国界开展业务时，对于制度需求本身就迥然相异，而要遵守不同的制度规则，意味着同时满足多重的、差异的甚至是相互冲突的合法性要求，可能会导致企业组织与东道国利益相关者之间的矛盾（Kostova & Zaheer，1999）。

2. 制度经济学

源于经济学的制度经济理论将制度分为正式制度（规则、法律、宪法）和非正式制度（行为规范、公约和自我行为准则）。制度是一种社会规则，是约束或规范人际互动的一系列行为标准，包含维持社会稳定性的管制性、规范性和认知性要素以及相关行为和资源（North，1990）。关于制度距离，制度经济学派的学者们提出了正式制度距离和非正式制度距离两种类型。正式制度确定的规则用于管理经济活动，从而降低不确定性、风险和交易成本。非正式制度也有助于协调经济行动，在没有强大的正式制度的情境下变得尤为重要。正式制度指经济主体必须遵守的法律规则条文；而非正式制度则是社会发展过程中自发形成的不成文的约束条件，它体现了社会共有的信仰、规范和价值观（North，1990）。制度距离是指两国在规制、规范和认知等方面的制度差异程度和东道国制度环境的不确定性程度。将正式的制度距离视为影响跨国企业战略和经营的法律和规则，而将非正式制度距离视为嵌入在价值观、规范和信仰中的规则，制度距离是正式的和非正式的制度环境差异之和。阿卜迪和奥拉克（Abdi & Aulakh，2012）区分了市场支持规则的存在和执行等正式制度与国家间共同规范、价值观、实践和解释框架等差异的非正式制度距离。正式制度距离是指具有强制性的已成文的法律法规等方面的差异，非正式制度距离是指社会信仰、价值体系以及文化风俗等方面的差异。现有的制度距离定义大多是基于制度的差异程度进行解释的。伯格斯迪克等（Beugelsdijk et al.，2013）认为，正式治理规则和非正式文化是以不同的方式影响寻求市场和寻求效率的OFDI。李琳和郭立宏（2021）也认为，正式制度距离是母国和东道国之间在法律法规和政策等成文信息上的差异。值得关注的是，非正式制度距离的定义相对更为松散，部分学者引入语言差异作为非正式制度距离的一部分（Zhu et al.，2015）。

2.2.2 制度距离对 OFDI 作用机制的区别

尽管组织制度理论和制度经济学都认为，制度距离导致跨国企业在东道国的经营成本更高，但二者的解释机制有本质区别。组织制度理论强调合法性机制，跨国企业在熟悉的母国制度环境中，更容易理解和接受现有的制度秩序，遵守合法性的要求和期望。但是在陌生的东道国环境中，企业对于如何有效地维持合法性运作的认识和理解有限（Kostova & Zaheer，1999）。而且，由于国外企业的"外来性"，也可能因遭受差别待遇而造成额外的困难（Mezias，2002）。跨国企业因为难以同时适应多个国家的制度要求而导致外部合法性的建立面临挑战，因此制度距离导致成本和风险上升。制度经济学的解释重点不在于合法性、外部压力和适应性，而在于国家之间制度质量的差异，以及现有制度对于经济协调的影响程度和效率。交易成本的增加不仅取决于所涉及的国家，还取决于对外扩张的方向（Trapczynski & Banalieva，2016）。对于某个特定的东道国，不发达的正式制度往往会由于市场机制的不完善和缺乏效率而增加经济协调的交易成本，同时还意味着制度规则的不透明和不稳定，这使得跨国公司难以理解和遵守。同样向制度环境较不发达的东道国企业投资，发达经济体企业要比新兴市场经济体和发展中经济体面临的挑战更大。发达经济体的跨国公司在国内经营时通常习惯于依赖正式制度，但向欠发达的东道国投资时则需要更多关注非正式制度的作用，并考虑运用新的经营战略。而在相反的方向上，企业从较不发达的制度环境向较发达的制度环境进行扩张，则需要学习如何在更严格和更完善的制度框架下经营。

制度距离的概念最先源自组织制度理论：制度是通过某种特别设定的制约，规范社会成员相互关系的规则，是影响企业行为的基本要素。当跨国企业进入东道国开展经营活动时，难免要面对国家或区域间的制度差异，这成为制度距离的基本内涵（Kostova，1996）。采用制度经济学视角进行的研究近年来稳步增加；伴随新兴市场国家的崛起及其在国际投资领域中的角色愈发重要，很多学者致力于研究"制度空洞"以及正式和非正式制度之间的替代性（Peng et al.，2008）。此外，制度经济学视角的研究还得益于丰富的二手数据可用来量化正式和非正式制度，而使用组织制度理论的论文有相当一部分并没有充分利用斯科特（Scott，1995）所讨论的三大支柱，即使在理论探讨中使用了斯科特的框架，但在实证分析时却往往采取单一维度或者集合成为一个指标进行量化。以制度经济学为基础的研究也是如此，要么使用一个制度距离的总体指标，没有说明不同制度距离的性质；要么即使在理论上加以区分，但在验证分析时使用其中一种，通常是正式制度距离（Kostova et al.，2002）。虽然组织制度理论和制度经济理论的核心解释机制不同，但两个学派并不是独立诠释不同制度情境下新兴市场经济体的企业行为，因为企业获得合法性可能会以损失企业效率为代价，如发生寻租行为等（李雪灵和万妮娜，2016），但是这种情形并不会长久地颠覆组织的合法性。基于此，组织制度理论时常与资源基础观、交易成本理论等基于效率的理论一起组合用于解释企业战略和组织行为。

2.2.3　制度距离的维度

本书根据诺斯（North，1990）的二分法，将制度距离分为正式制度距离和非正式制度距离。如此选择的主要原因有：第一，穆罕默德和星野靖雄（Mohamad & Hoshino, 2013）认为，将制度距离分为规制、规范和认知的分类中，规范制度与认知制度的边界界定并不清晰。诺斯（North, 1990）分类中的正式制度与斯科特（Scott, 1995）分类中的规制制度相对应，而非正式制度与斯科特（Scott, 1995）分类中的规范和认知制度类似，这意味着采用诺斯（North, 1990）的分类可以避免在使用规范距离和认知距离过程中出现概念重叠的问题。第二，传统的制度研究主要强调的是正式制度，如法律、政策和规范等，但在研究新兴市场经济体尤其是中国的制度环境时，则必须同时考虑非正式制度（如人际关系、国家文化、社会风俗等）的约束，这是影响我国企业商业行为的重要制度变量。因此，本书将制度距离的研究扩展为包含正式制度距离和非正式制度距离的框架，这符合我国作为转型经济体的制度情境。

1. 正式制度距离的维度

本书借鉴科尔斯塔德和威格（Kolstad & Wiig, 2012）的方法，从WGI数据库整理得到衡量各国正式制度质量的数据，采用WGI的6项子指标来衡量，分别如下：

（1）腐败控制，指政府运用公共权力对官员背离公职的腐败行为进行监督的程度。该项指标得分越低代表其腐败程度越严重。腐败的政体不仅会降低政府效率，破坏政治进程的稳定性，同样也会造成市场扭曲，降低交易效率。相反，得分越高表明东道国政府越能够有效地维护交易市场秩序，吸引更多的海外投资。

（2）话语权和问责，指一国公民各种言论自由权、参与政治活动和政府选举等民主自由权以及对政府机构进行问责的权利。该项指标分值越低代表企业组织的自主权益越可能被侵害。分值越高则意味着东道国政府更倾向于倾听并且满足国内利益相关者的诉求。跨国公司与当地企业合作能够有效地防止冲突，降低海外投资风险，但有时也会增加交易成本。

（3）政府稳定与暴力，主要指政府团结性、受公众支持的力度以及司法的力量。政府政权更替频繁的程度会影响政策的效力。跨国投资中，该指标分值越高表示目标国政权越稳定，企业经营所涉及的政策更具有持久性；分值越低则说明东道国政策环境会经常变化，跨国经营战略决策也会面临诸多不确定性和风险性。

（4）政府效能，是指政府政策执行及提供公共产品的能力。该指标分值越高代表政府效率越高。政府效率低下将会引起公共产品缺失，企业在跨国投资时就需要投入更多的资源来补充，从而增加交易成本，挤压跨国投资的经营利得。但与此同时，政府效率低下也意味着非市场力量运用的可能。

（5）政府监控和管制水平，评估的是政府对经济的干预程度。该项指标的分值越大说明东道国监管体系越完善，政府机构越能够有力地保障跨国企业的契约履行效率；反之，分值低则表示东道国存在明显的监管缺陷，跨国公司的海外经营将会受到一定的干扰和制约。

（6）法治程度，重点关注有关合约执行和财产权等司法制度体系是否健全。法律法规设计的质量与水平间接决定了公司的规章制度和运作效率。知识产权受保护的程度影响跨国企业技术的引进程度。该指标分值越高，意味着企业知识产权及相关权利就越能获得充分的保障；反之，跨国企业海外子公司的合约权益和私有产权将可能会遭受损害。

2. 非正式制度距离的维度

非正式制度一般是内嵌于社会环境中，具有隐性特征。目前，其内涵和外延很难统一界定和达成共识。由于在诺斯（North，1990）框架中，文化因素是构成非正式制度的重要成分，可以被理解为社会成员强加给自身的一种默认的约束，赋予社会成员之间关系的一种结构，是文化的遗产的一部分（North，1990）。而在斯科特（Scott，1995）的制度框架中强调认知和规范的维度，主要表现为社会规范以及社会的信仰和价值观系统，本质上也与文化概念多有交叠，因此在非正式制度因素的处理上，现有的研究通常将非正式制度因素等同于文化因素。对于非正式制度距离，本书采用文化距离的概念代理，其测量量表有世界价值观量表（WVS）、Schwartz 价值调查表、Globe 量表等。以霍夫斯泰德（Hofstede，1980）为代表的文化社会学研究成果使文化得到了量化及应用，其效度及普适性也得到了诸多验证，所以采用霍夫斯泰德（Hofstede，2015）提出的国家文化差异的六个维度测量非正式制度距离。

（1）权力距离，指社会成员对于组织或机构中权力不平等分配的接纳程度。该指标分值高则表示民众会轻易接受社会等级的差异和尊重权威，分值较低则说明该社会等级差别较小，民众则更注重个体的权利和公平的机会，支持社会的民主性而反对专制。

（2）个人主义 – 集体主义，指个体对于个人目标和集体目标的相对重视程度。该指标分值较高表明该国公民更强调自我利益和彰显自我能力，得分较低则说明社会群体具有集体主义倾向，对于组织具有较高的依赖性和忠实性，组织成员之间的彼此合作更加和谐融洽。

（3）阳刚—阴柔化特质，指对于社会角色中性别差异的态度。在阳刚特质明显的社会中，社会成员会更加理性，崇尚物质成功，表现出勇敢、独立、具有决断力等男性的性格特征；而在阴柔化特质较明显的社会群体里，成员通常更加感性及注重维护人际关系，表现出谦虚、恭顺等特征，会倾向于顾及他人感受以及追求生活质量。

（4）不确定性规避，指社会成员对于不确定性及模糊情境的忍受程度。该指标分值较高的国家更注重社会系统的有序性、连续性和稳定性，难以容忍偏激行为和观点，对于程序和制度较为依赖，主动采取措施规避或者弱化不确定性的影响；反之，得分较低的国家社会成员能够灵活适应不确定性的环境，不畏惧风险和挑战，对不同观点的容忍度通常较高。

（5）长期导向 – 短期导向，长期导向的价值观更注重未来发展和潜在的影响，强调坚强的毅力和拼搏精神；短期导向则更为注重传统，着重眼前利益而承担相应的社会责任。长期导向的东道国通常社会自治的空间比较狭小，企业管理者较为关注企业的发展前景和投资的远期收益；短期导向的国家社会自治空间相对较大，企业管理者更为注重企业的盈利和现时利益。

（6）自身放纵与约束，指的是组织成员如何控制自身欲望或本性，或者是一个社会组织对人的基本需求与生活享乐程度的允许程度。这一维度通常描述成员会倾向于克制或是放纵，自身放纵指数越大，说明社会整体对成员自身约束力不强，对成员自任放纵的容允度越大。

2.3　制度距离与 OFDI 区位选择的相关研究

2.3.1　新兴市场经济体 OFDI 的区位选择研究

为了降低组织的协调和适应性成本，跨国企业通常会选择与母国的制度距离、文化距离和心理距离较为接近的东道国进行投资（Johanson & Vahlne，1977；Buckley et al.，2007）。但是对于新兴市场经济体而言，母国制度因素的影响成为企业跨国投资需要重点考虑的因素，如国内不完善的制度会导致在投资区位选择时出现政治风险偏好的倾向（Khanna & Palepu，2006；Buckley，2007）。新兴市场经济体跨国企业的对外直接投资往往伴随着母国政府的全球经济战略。从母国制度环境的视角看，母国政府通过外向型的投资支持政策及制度建设，能够弥补本国企业在全球竞争中的比较劣势（Luo & Tung，2007）。很多学者的实证研究表明，跨国公司母国的经济发展水平、物价水平、贸易规模、非市场资源和融资能力（阎大颖等，2009）、产业结构（Wang et al.，2012）以及投资政策（阎大颖，2009）等都与对外直接投资存在显著的相关性。从母国和东道国制度之间的差异来看，两国之间的制度距离、经济自由化程度以及政治司法制度等都会对企业对外直接投资的区位选择产生明显的影响（Kang & Jiang，2012）。斯托扬（Stoian，2013）的研究结果证实了市场竞争与制度的全面深化改革对于新兴市场经济体的对外直接投资活动具有重要的推动作用。隋和权（Sui & Kwon，2018）以制度及地理因素为基础，采用扩展的引力模型，对中国的 FDI 及 OFDI 趋势产生影响的主要决定因素进行了实证分析，并将被投资国分为发达国家和发展中国家，发现目的国的经济发展水平不同，其区位决策的决定因素也有所不同。史瑞祯和桑百川（2022）以要素环境竞争力为视角，对于中国向"一带一路"沿线国家进行对外直接投资的研究表明，中国企业更倾向于选择与中国的制度距离更小以及劳动力成本更低的国家或地区进行投资，同时也会优先选择那些自然资源禀赋、技术水平和资本存量更优越的国家或地区。

2.3.2 正式制度距离对 OFDI 区位选择的影响

很多研究表明，正式制度距离是跨国企业对外直接投资的重要影响因素。对于正式制度距离对 OFDI 的总体影响究竟是正向促进还是反向抑制出现了明显的分化。传统的国际商务理论主张"制度接近论"，即跨国企业应当选择与母国制度差异较小的国家进行投资，发达国家跨国公司普遍倾向于选择那些制度质量高且与自身制度差异小的国家或地区进行投资（Ali et al.，2010；Buchanan et al.，2012；Aleksynska et al.，2013）。

国外部分学者在研究新兴市场经济体的对外直接投资时，得到与发达国家跨国企业海外投资区位选择不同的结论，对于正式制度距离的某些维度进行了更为细致的研究。例如，马尔霍特拉等（Malhotra et al.，2010）的实证研究结果表明，新兴市场经济体跨国企业的对外直接投资常常是基于战略资产寻求动机，因而会选择进入与母国制度距离较大的东道国进行投资。阿列克西斯卡和哈夫里奇克（Aleksynska & Havrylchyk，2013）利用双边 FDI 的流量数据，分析新兴市场经济体企业在进行投资区位选址的时候，正式制度距离对于外国直接投资的影响具有非对称性，即较大的正式制度距离限制了国投外资的流入，然而对于资源丰富的东道国而言，这种阻碍效应会明显减弱。科索宁（Kosonen，2013）的研究结论表明，在政府专制程度和腐败程度较高的国家中，来自国外的直接投资或许是由控制某个区域政治精英的利益所驱使的，这些精英和来自专制和腐败国家的国外投资者存在相互合作的可能。易等（Yi et al.，2019）研究了腐败和制度在东道国不同投资阶段对 FDI 的影响，通过区分 FDI 的倾向和存量来阐明腐败和 FDI 之间的关系，从而激励政府制定控制腐败的政策。

国内学者的研究发现，东道国正式制度的质量对于中国企业的海外直接投资具有显著的正向作用（王永钦等，2014；刘青等，2017）。还有研究发现，中国企业在对外直接投资的区位选择上总体上更青睐于那些与母国制度差异较大的国家或地区，并且正式制度距离越大投资的总体规模也会越大（蒋冠宏和蒋殿春，2012；岳咬兴和范涛，2014）。然而，也有学者认为，制度距离对于中国企业对外直接投资的影响依赖于东道国的经济发展水平，中国对发展中国家以及最不发达国家的投资中也表现出一定的"制度接近"特征（蒋冠宏，2015；刘晓光和杨连星，2016）。国内学者近年来的研究更加注重将正式制度距离置于国家多维距离框架之中，并考虑异质性的因素影响。冀相豹（2014）综合利用组织学习理论及新制度经济学的研究框架，运用主成分分析法建立制度距离指标，实证研究表明政治距离和经济制度距离对于中国企业在发展中东道国进行投资选址具有显著的负向影响，但是经济制度距离对于企业到发达国家进行投资的影响则不显著。谢孟军（2015）的研究表明，中国企业对外投资时一方面偏好政府效率高而且腐败程度较低的发达国家和地区，另一方面对于一些存在明显制度缺陷的欠发达国家和地区也表现出投资偏好，即在这两类经济体投资时，表现出一定的制度套利动因。余壮雄和付利（2017）将正式制度距离划分为管制性制度距离和规范性制度距离两个维度，他们认为东道国的管制制度距离并不会影响中国企业的资本进入，但是对于规范性制度质量超越中国的国家则会起到阻碍作用。孙乾坤（2017）的研究持有与上述几位学者一致的观点。国家间双边投资协定以及东道国的基本特征都会影响中国企业在"一带一路"沿线国家的直接投资，同时双边投资协定还会对东道国各项特征因子产生不同程度的调节作用。康（Kang，2018）通过整合制度基础观和区位优势理论观点，基于中国对 62 个国家的直接投资事实，考察东道国自然资源禀赋和制度因素对新兴市场跨国公司投资区位选择的交互影响，结果表明，当政治风险较高、经济自由度和制度距离比较小时，自然资源禀赋对于中国跨国企业的海外直接投资的吸引力更大。袁其刚等（2018）利用中国企业对非洲 37 个国家直接投资的数据进行实证研究发现，东道国政府的治理水平对于投资具有积极促进作用，但是母国与东道国之间差异较大的治理距离却有利于企业的对外投资；基于不同的投资动机，治理距离对资源寻求型 OFDI 具有抑制作用，而对市场寻求型 OFDI 具有促进作用。金中坤（2019）从异质性理论出发，研究得出中国企业倾向于到市场容量较大、行业技术水平较高、制度距离较大而文化距离较为接近、双边关系良好的国家进行投资，其中，工业企业与非工业企业在投资倾向和对制度环境的偏好上有所差异。当然，也有"制度接近论"的研究结果，例如杜江和宋跃刚（2014）的研究表明正式制度距离对中国企业的对外直接投资存在抑制效应，郁岭（2022）认为较大的正式制度距离对于我国海外工程承包具有显著的抑制作用。

2.3.3　非正式制度距离对 OFDI 区位选择的影响

非正式制度通常是指社会团体、企业组织或是政府机构中已经形成的一些隐性的规定、潜规则、文化价值观和理念等不成文的非正式制度因素。非正式制度相较于正式制度更难以理解，而且由于很多已经嵌入东道国企业的组织内部，因此对于企业行为具有较强的影响。从非正式制度距离对 OFDI 的区位选择影响研究结论来看，学术界尚未有统一结论。对于二者之间的总体关系，较为主流的观点有负相关关系、正相关关系、非线性关系等。

多数文献指出，东道国和母国之间非正式制度的差异构成了进入新市场的障碍（Beugelsdijk et al.，2018）。吉生保等（2018）通过中国对"一带一路"国家 OFDI 的多维距离影响研究得出，文化距离显著地抑制了中国对"一带一路"沿线国家的对外直接投资，而正式制度距离的抑制作用并不明显。莫罗西尼等（Morosini et al.，1998）研究了双边文化差异对企业跨国并购后业绩的影响，认为跨国并购后虽然融合企业的文化差异需要付出一定的成本，但是也整合了双边文化的多样性，这有助于企业创新并开发多样化的产品。殷华方和鲁明泓（2011）的研究发现，文化距离与对外直接投资流向之间存在着水平 S 形的曲线关系，并解释了文化距离与国际直接投资流向之间的悖论问题。许和连等（2012）持有同样的观点，认为文化距离与直接投资具有复杂的 S 形关系。綦建红等（2012）通过 PCSE 模型进行实证检验，研究发现文化距离对 OFDI 区位选择的影响呈 U 形关系，刘等（Liu et al.，2018）认为文化距离和中国的对外直接投资表现出 U 形的关系，而且认为在文化距离的测度中要考虑文化维度的相对权重。杨勇等（2018）通过门槛效应检验方法研究了文化距离对中国跨国公司经营绩效的影响在整体上具有倒 U 形关系，即在一定范围内文化距离的扩张有利于提升中国对外投资企业的经营绩效，但超过这个范围则会产生抑制作用。

对于非正式制度距离内部的细分维度影响研究。例如，李等（Li et al.，2012）利用 35 个国家的企业层面数据研究了文化价值对于企业风险的影响，他们认为文化特征通过规制国家的正式制度以及规范企业管理者的行为而对企业风险产生影响，进一步研究表明，国家文化中的个人主义增加了企业风险，而不确定性规避意识则减少了企业的风险。卡雅维齐和泰恩莫齐（Kayalvizhi & Thenmozhi，2017）对 22 个新兴市场国家的研究表明，个人主义、男子气概和不确定性规避等文化维度对 FDI 的影响较小，而权力距离和放纵维度对 FDI 的影响较大。帕帕乔吉亚迪斯等（Papageorgiadis et al.，2019）利用美国对 42 个东道国的对外直接投资数据研究发现，与知识产权执法有关的非正式制度的强度积极调节知识产权正式法律对 FDI 流动的影响，研究结果突出了在保护跨境交易中的知识产权时与执法人员行为相关的非正式制度的重要性。

既有文献从不同的制度与文化维度以及目标国家考察了正式制度距离和非正式制度距离对 OFDI 区位选择的影响，总体上呈现出以下特点：第一，正式制度距离大多呈现出正向或负向影响的线性特征，而非正式制度距离则呈现出更为多元化的结果特征；第二，对于细分维度的研究尤其是新兴市场经济体作为投资主体时，则表现出较为集中的趋势，如正式制度距离中的腐败控制维度和非正式制度距离中的不确定性规避、个人/集体主义等；第三，由于制度因素和制度距离的影响机制较为复杂，研究样本和实证模型等都有所差异，以致得出的结论也有所不同，尚未达成共识。

从研究对象来看：第一，关于制度距离对 OFDI 区位选择的影响，与针对发达经济体的研究结论不同，以中国作为样本进行研究的证据仍然不够充分而且结论并不一致。第二，目前对于非正式制度距离的影响的研究很多是将其置于制度的总体范畴中或者是将其与其他距离维度如地理距离、经济距离进行统合考虑，对其影响机理缺乏与正式制度距离明确的区分界定。第三，关于制度距离维度，集中于单一维度的研究较多，而探寻不同维度间的作用方向和作用强度的研究较少，针对中国在 OFDI 中的不同制度距离方向的作用机制和影响程度也值得探讨。第四，中国自提出"走出去"战略以来，国内外的制度环境以及企业海外投资的规模、结构和目的等都已发生明显的变化，因此基于时间维度的动态研究也很有必要。

2.3.4 制度距离与 OFDI 企业创新绩效的相关研究

现有制度距离与 OFDI 企业创新绩效的相关研究文献较为匮乏，而且对于制度距离对企业创新绩效影响的内在机理的探讨尚不充分。国内外学者基于制度环境与企业创新绩效的关系进行探讨，分别从正向创新和负向创新两个角度对二者之间的关系进行研究。制度距离产生负向创新影响的主要原因是外来者劣势等因素增加了知识转移的难度以及成本，增大了技术整合的费用，进而不利于创新绩效的提升；而制度距离带来的正向创新影响，主要是基于企业对外直接投资可以通过制度套利或者拥有一定的外来者优势并获取差异化的创新资源和多元化的知识学习机会，通过技术逆向溢出机制进而显著提升母公司的创新绩效（李梅和余天骄，2016）。

1. 制度距离对于 OFDI 企业的负向创新研究

对外直接投资的制度距离负向创新效应研究大都以发达国家企业为样本进行研究，探索发达国家的跨国企业进入发展中国家地区后，将面临从完善的正式制度环境到不完善的正式制度环境，从而表现出制度逆差的特征。

（1）基于交易成本与外来者劣势视角。彭等（Peng et al.，2009）认为制度环境是影响企业战略选择及其绩效的重要因素。正式制度通过设定组织行为准则，保证企业之间的交易顺利进行以及社会有条不紊地发展，管制机制往往会采取法律制裁手段来约束组织行为，如果产生违规行为则会受到惩罚。这些正式的制度和规则与企业跨国经营密切相关。早期的国际商务学者主要从外来者劣势理论的视角分析发达国家企业 OFDI 活动，大多数均得出正式制度距离与 OFDI 经营绩效存在负相关的结论。迪马吉奥和鲍威尔（Dimaggio & Powell，1983）研究认为，跨国企业运营同时受到东道国和母国双重制度约束，跨国企业需要投入更多的资源来获得当地合法性，同时也需要花费更多的时间和精力来学习当地的市场规则与风俗习惯等，这在很大程度上增加了获取差异化知识的成本和难度。徐等（Xu et al.，2004）研究发现，由于正式制度距离的存在，导致跨国企业子公司在东道国难以取得合法性和难以将跨国企业在母国的经营惯例、经验转移到东道国子公司。伊贡和安托林（Higón & Antolín，2012）研究了制度距离对于跨国企业海外子公司研发绩效的影响，结果表明母国与东道国的制度距离越大，东道国子公司的研发回报率就越低。约纳什库和迈耶（Ionascu & Meyer，2004）、阎大颖（2011）都发现正式制度距离增加了企业对外直接投资的风险，同时也增加了企业海外经营的成本和跨国投资失败的概率。蒋冠宏（2015）基于中国微观企业对外直接投资的数据，通过实证研究得出，当国家之间的制度差异较大时，OFDI 企业很难准确解读东道国在经济、法律和社会体制等方面的制度安排，也更容易遭到当地政府或企业的抵制，当地分支机构的权益难以保障，因而降低了 OFDI 的成功率。在与正式制度差异较大的国家进行合作创新时，跨国企业难以把握对方的市场偏好及制度安排，导致创新行为偏离对方国家的合法性标准，所提出的创新观点也常常遭受不公正评判，难以获得肯定，因此增加了合作创新失败的风险（Chao & Kumar.，2010）。李林和郭立宏（2021）的研究也表明，正式和非正式制度距离对于跨国合作创新绩效都具有显著的负向影响。此外，母国与东道国的制度距离越大，跨国公司母子公司之间就越容易产生委托—代理关系，因而子公司难以获取母公司的完全信息，也难以有效执行母公司的决策。同时，因为子公司的创新资源主要来自母公司，而制度距离的增加导致母公司向子公司传输专有性知识的渠道不够畅通或者使得母公司传递的知识与东道国的制度不匹配，也会影响跨国企业的创新绩效（Jensen & Szulanski，2004）。肖宵等（2021）认为，母国与东道国之间的正式制度距离削弱了跨国公司对外直接投资对于创新绩效的促进作用，即使知识距离能够带来一定的收益，但仍不足以弥补制度距离所造成的成本。

（2）基于知识转移的视角。母国与东道国在社会认同与文化等制度环境方面存在差异时，将对知识转移带来阻碍，进而对企业技术创新绩效的提升产生不利影响。制度环境的差异对于被转移的知识的吸收和内部化有着重要的影响，进而降低了知识转移的效果（Kostova，1999）。制度距离的增加提高了对外直接投资的知识转移难度和成本，不利于企业创新绩效的提升。正式制度距离较大的国家之间在政治制度、法律法规和市场环境等方面存在较大的差异，加大了彼此之间正确理解以及适应对方制度环境和市场规则的难度，合作创新的双方难以建立统一的进程和规则进行共同研发，有时甚至还会产生矛盾和冲突，阻碍合作创新任务的协调开展以及知识资源的转移与融合，降低合作创新的效率（Dikovad et al.，2010；任洪源和刘刚，2017）。阎大颖等（2011）的研究表明，正式制度距离增加了跨国直接投资的风险，提高了企业海外经营的成本，对企业创新绩效产生负面影响。吴晓云和陈怀超（2011）的研究表明，正式制度距离对于跨国企业的母公司与海外子公司之间的知识转移具有显著影响，即母国与东道国之间正式制度距离越大，母公司越难以转移知识。衣长军等（2018）认为，非正式制度距离在跨国企业的海外子公司向母公司逆向技术溢出的过程中产生了明显的阻碍，不利于企业创新绩效的提高。

非正式制度的差异通常相对于正式制度距离更难以理解，而隐性知识由于其不可编码的特点，其传播和理解有时会与文化价值观等不成文的非正式制度相连接，能够渗透到东道国当地企业的组织内部。科斯托瓦和查希尔（Kostova & Zaheer，1999）认为，非正式制度距离明显降低了 OFDI 企业获取东道国合法性的能力。米哈伊洛瓦和哈钦斯（Michailova & Hutchings，2006）研究发现，非正式制度距离显著阻碍了跨国母公司与海外子公司之间知识的转移和管理。非正式制度距离越大，跨国企业对于东道国认知和规范制度的内部化难度亦会越大，难以将其经营活动调整为与当地文化价值观契合的状态，由此增加了对外直接投资过程中的不确定性。国内学者的研究中，也有部分结论认为非正式制度距离与跨国企业创新绩效之间表现出负相关关系（刘晓丹和张兵，2019；万紫璇，2020）。

2. 制度距离对于 OFDI 企业的正向创新研究

OFDI 的正向创新的相关研究大多以发展中国家企业为研究样本，探索欠完善制度环境中的公司通过 OFDI 进入发达国家，面临从欠完善制度环境进入较为完善的制度环境，进而体现出"制度顺差"的特征。

新兴市场经济体的对外直接投资对于东道国的制度质量、母国与东道的制度距离反应不尽相同（Jude et al.，2017；王金波，2018）。基于制度套利和外来者优势的视角，以戈文达拉扬（Govindarajan，2011）为代表的研究表明，进入完善的制度环境开展创新活动可以减少知识获取成本和交易成本，有利于企业获取不同的市场信息和新技术，进而提高企业的技术创新水平。余和瑞曼（Yoo & Reimann，2017）提出，如果发展中国家的跨国企业秉持以知识为基础追求战略资产的投资动机，一方面，它们可能会得到更为严格的知识产权保护，以保护其新获得的知识资产；另一方面，它们可能也会寻求知识产权保护相对更弱的国家，从而更有益于获得知识溢出效应。李珮璘（2010）认为，新兴市场经济体的跨国企业对外直接投资存在制度套利的原因，因而跨国企业可以利用国家之间的制度差异获利，制度完善的国家通常具有可靠完善的信息披露准则，能够有效解决信息不对称的问题，同时政府能够提供更多的技术创新和公共设施等公共产品。许家云等（2013）研究发现，发达国家的法律制度、文化制度和经济制度对于中国的智力回流能够产生显著的影响，发达国家由于制度完善能够吸引国外创新人才。陈怀超等（2014）通过实证研究发现，制度距离的存在使得跨国企业的海外子公司可能拥有外来者优势，而且随着制度距离的增加，企业对外直接投资经营绩效也随之提升。OFDI 企业通常可以成功地规避母国市场环境和制度环境中存在的劣势，并将其作为"跳板"来获得专用性资产（蔡灵莎等，2015）。代海岩和吴晓云（2017）认为，国家之间不一致的规章制度、技术标准等将成为企业异质性和多样化知识的来源，有利于解决技术性问题，差异化的问题解决能力将改进或提升服务创造方式，或者是以协同的方式实现流程创新。衣长军等（2018）的研究表明，正式制度距离可以明显促进跨境投资企业的创新，与前文中非正式制度距离的抑制作用形成明显对比，这也为我国跨国企业的对外投资实践提出了现实问题，应当充分了解和重视制度距离的复杂性和双元性，通过选取合理的组织学习方式提升跨国企业的自主创新能力。吴先明和马子涵（2022）的实证研究表明，跨国并购能够显著提升并购企业的创新质量，并且对于高科技企业和具有较强吸收能力的企业提升作用更为显著，而在此过程中，较大的制度差异则会积极促进跨境并购对于跨国企业创新质量的正向影响。潘维维（2021）认为，文化距离对中国跨国并购企业的创新能力具有积极的促进作用，但是这种正向关系会伴随主并企业研发投入的增多而被削弱。王进猛等（2022）通过实证检验发现，东道国与母国之间的文化差异越大，OFDI 企业的创新能力和经营绩效越好。从具体的距离维度上解析，中国的权力距离较高，而西方发达经济体的权力距离普遍较低，同时中国的传统价值观强调集体主义，这与西方社会突出的个人主义文化产生了反向共鸣和吸引，从而使文化差异促进了跨国企业创新以及开发多元化的产品。但是相较于绿地投资，并购企业的绩效会伴随非正式距离的扩大而下降。

上述研究表明：第一，现有关于制度距离对 OFDI 创新绩效的影响还未得到统一的结论，尤其是正式制度距离的影响：较多的文献探讨了基于交易成本、外来者劣势以及知识转移视角的负向影响，也有部分研究关注源于外来者优势的正向影响。第二，以往的研究大多集中于 OFDI 的宏观效应影响，涉及新兴市场经济体 OFDI 微观企业层面的研究较少，而且创新绩效的获得很多是基于海外投资的子公司，并没有明确对母公司的影响。第三，以往的 OFDI 企业创新绩效研究较少区分正式与非正式制度距离，非正式制度距离的相关文献更为少见。第四，目前将制度距离作为解释变量分析其与 OFDI 企业创新绩效的相关文献很少见，且缺乏其作用机制的详细的理论分析，这些都不利于全面地了解其对 OFDI 创新绩效的影响途径。本书认为，制度距离作用于创新绩效的结果反映的是正向与负向效应的叠加，有必要对其进行深入探究，继而找到遏制负面效应、强化正面效应的途径。第五，由于中国海外投资企业所有制结构的特殊性，国有企业和民营企业在组织形式、投资动机和资源依赖等方面都有明显差异，制度距离作用于创新绩效的机制也有所不同，基于此视角展开研究的文献为数不多，存在比较研究的探索空间。

第3章

制度距离对 OFDI 区位选择影响的研究

3.1 区位选择、制度套利与外来者劣势

3.1.1 区位选择理论的研究进展

20世纪60年代，区位选择一直是 OFDI 的主要研究方向。到了70年代，研究的重心由国家宏观层次转移到了企业跨国经营的微观层次。随着对核心战略资产认识的深入，学者们重新开始重视投资区位选择问题。在某一地区交易主体的集中可以降低交易费用，并为其提供更多的交流与利用固定资源的机会（Alfred，1890）。而在日益成熟和紧密联系的跨国企业体系中，区位优势与所有权之间往往会产生交互作用。因为所有权优势取决于特定区域内行为者的互相联系，因此，使用特殊的空间资源或能力就显得非常重要（Cantwell，2009）。

区位概念在国际商务领域中的作用伴随科技进步及全球一体化程度的加深而弱化。由于运输成本的大幅降低，以及最低标准供应价格区位可以方便地获得，因此，地理位置上的接近性不再作为企业竞争优势的

来源（Porter，1980）。相反，新的知识创造和创新活动取决于物理上的接近程度，创新的努力主要集中在少数几个卓越中心，具有特定的技能和技术的活动越来越多地集聚到这些创新集群。

但是，文化和制度上的国家间差异并没有因为全球一体化程度的加深而减少，社会制度反而变得越来越复杂。因此，有必要更加准确地评价跨国经营战略中区位的角色。在跨国公司的全球化网络中，创新创意活动通常会分布于多个节点位置，所以跨国企业需要建立具有一致性的区位资产组合以适应区位差异。当这些资源相互适配成为一体时，多元化的特定区位特征就会变成企业的竞争力之源。在跨国公司的内部性与外部性进程中，区位是重要的内生因素，不同的组织行为方式都会受制于企业的跨国网络中特定的区位条件（Dunning & Lundan，2008）。

传统的区位理论认为，OFDI 的动机来自对市场、自然资源、效率和战略性资产的寻求（Dunning，1977）。而目前对于投资区位的探讨主要集中在经济活动的空间组织与社会网络的结构上，从而可以更好地阐明公司的优势。基于更为广泛的视角，交易双方和专有技术在特定区域的集中能够促进知识外溢，并缩短创新周期（Beugelsdijk & Mudambi，2013）。跨国公司在东道国不仅会获得预期收益，也会对当地的企业、产业集群和社会网络产生重要的影响。在跨国公司进行区位选择的过程中，东道国的营商环境十分重要，这与企业开辟市场、获取资源、拓展营销渠道以及构建经营体系息息相关。公司向海外扩张可以利用东道国的优势，重点关注与影响区位竞争力的因素相关的比较优势，如当地的经济发展和开放水平、资源基础、教育水平、税收、基础设施和技术创新水平等（徐昱东，2019）。跨国公司的竞争力与子公司的区位条件、潜在的溢出机会和当地的资源密切相关（Piscitello，2011）。但是单纯地侧重于区位情境并不能完整地解释公司的战略决策，需要对企业和区位的交互作用进行全面考虑（Cantwell，2009）。跨国公司会寻求区位优势，因为这不仅来自东道国的资源相关性，更多的是基于企业所有权与区位的相互作用（吴先明，2019）。查希尔和纳楚姆（Zaheer & Na-chum，2011）系统地研究了区位优势如何内化为企业的区位能力，并通过企业的行为进行永久性改进和转化为区位资本的过程。

3.1.2　制度套利理论

制度套利逻辑包括被动的制度逃离和主动的制度利用的概念，其理论的基本出发点是：新兴经济体跨国企业的国际化是对母国体制力量的回应。

制度规避（institutional avoidance）是指组织在面临外部制度制约时，可以根据自身的资源条件采取适当的应对策略（Oliver，1991），规避模式即为其中之一。跨国公司对外直接投资的起因并非仅为发挥其自身的竞争优势，而是对母国市场制度约束和脆弱的制度环境产生"制度逃离"，这在新兴市场国家企业中表现得尤为突出。例如，维特和莱文（Witt & Lewin，2007）对德国企业 OFDI 行为进行研究后认为，市场寻求和获取资源的国际化动机已经不能很好地解释 OFDI 现象，母国较高的税赋以及僵化的劳动制度体系是驱动企业海外投资的重要原因。当商业体系不能满足组织需求时，就会产生制度失衡，一些跨国公司会选择离开本土市场，通过 OFDI 规避母国制度限制，转而寻求发达经济体更为有利的制度条件，从而获得可能的机遇与收益。

新兴市场经济体由于母国制度缺陷导致的制度逃离型 OFDI 近年来备受关注。母国制度约束是新兴市场经济体企业实施国际化的重要原因之一（Luo & Tung，2007）。新兴市场经济体的制度体系相对于发达经济体普遍还不够健全，如在知识产权的保护、商业法规的执行、司法体系的透明度等方面仍存在很多制度缺陷或制度空白。新兴市场国家的企业也常常遭遇政治风险，如政治不稳定、政府干预、官僚主义的繁文缛节、不可预知的管制变化，以及普遍的腐败等（Luo & Tung，2007），因此企业在国内的运营成本相对更高，更有可能产生制度逃离型的 OF-

DI（Dunning & Lundan，2008）。中国国内的制度缺失、市场分割和地方保护主义等问题导致企业在跨省经营时产生较高的交易成本，而当企业跨越国界经营时，国外的比较制度优势则会使企业所面临的制度性交易成本下跌，这一比较制度优势成为企业转向国际市场进行投资的诱因（Boisot & Meyer，2008）。陆亚东和董林雪英（Luo & Tung，2007）以中国企业跨国经营为基础的研究揭示出，新兴市场国家跨国公司 OFDI 的动机有两个方面：一是规避母国的制度约束；二是通过获取特定战略资产填补国内竞争力短板，而不同所有制企业的国际化动机也存在差异：国有企业的跨国经营获得了更多的国家政策扶持，而民营企业却往往是由制度逃离所驱动。史等（Shi et al.，2017）发现省级的制度脆弱性会增加企业 OFDI 决策：当制度的不同维度没有以相同的速度发展时，制度发展中就会出现内部摩擦和冲突，这种制度脆弱性会促使公司将从母国逃避作为一种战略反应。例如，陆亚东和董林雪英（Luo & Tung，2007，2018）从"跳板视角"分析新兴市场经济体跨国企业的国际化战略，认为企业的母国国内市场存在的制度约束是推动企业采取更激进的国际化路径选择（如跳过发展中国家直接进入发达国家）的重要驱动力。考洛陶伊和萨尔斯塔洛瓦（Kalotay & Sulstarova，2010）、斯托扬和莫尔（Stoian & Mohr，2016）认为，由于新兴市场经济体市场普遍存在制度缺陷问题，使得企业有强烈的意愿直接进入制度更健全的发达国家，以规避制度缺陷产生的经营风险和成本。博伊索特和迈耶（Boisot & Meyer，2008）发现，很多新兴市场经济体的中小企业在国内市场扩张的成本甚至高于其进入海外市场的成本，因此推动了中小企业直接进入制度完善的发达国家进行"制度套利"。母国的制度缺陷也促进了本国民营企业在发达国家进行的"逆向"的投资（李新春和肖宵，2017）。

制度利用（institutional exploitation）的观点强调，新兴市场经济体的跨国企业善于在制度薄弱的发展中国家竞争，因为它们已经习惯并善于处理这些困难和不确定性。相对于发达经济体的跨国企业，它们的生存能力更强（Luo & Tung，2007）。大部分制度体系脆弱的发展中国家都拥有丰富的自然资源，对经济效益的追求普遍高于对提升经济发展质量和优化经济结构的要求，而环境保护和绿色发展理念也通常比较薄弱，不注重生态福利绩效的提升（亓朋等，2020）。因此，制度环境越是不完善，自然资源开发利用中出现寻租的可能性越大。政府机构通过垄断自然资源的开发权获得大量租金，寻租效应又滋生了腐败，腐败阻碍了制度质量的提高。新兴市场国家的跨国企业通过东道国的社会关系网络，在与母国类似的恶劣制度下运营，并利用经营习惯和潜规则等特殊的竞争优势在当地经营，并能获得较小的费用。跨国公司在接受了东道国的惯例后，可以与当地政府进行谈判，解决寻租问题。在与其本国类似的市场环境和商业惯例方面，这些国家的跨国企业能够很好地掌握（Cuervo–Cazurra，2016），并且利用关系网络、潜规则解决制度障碍。

3.1.3　外来者劣势理论

与东道国的本土企业相比，跨国企业在当地通过子公司能够获得的信息和资源较为有限，同时也会被东道国的政府、供应商以及其他利益相关者所排斥。公司在海外运营由此所产生的附加成本被称作"外国运营成本"（Hymer，1976）。这种外来企业经营过程中存在的相对劣势被称为"外来者劣势"（liability of foreignness，LOF）（Zaheer，1995）。外来者劣势是跨国公司研究的基本假设之一，自提出以来一直广受关注。艾登和米勒（Eden & Miller，2004）用"距离至关重要"概括了造成外来者劣势的主要原因，即母国和东道国之间所存在的距离迫使外国企业在东道国开展经营活动要承担额外的成本。当然，这不仅源自地理距离的影响，还有国家之间在制度、文化和观念等方面存在广泛差异的因素。

1. 外来者劣势的表现

外来者劣势这一概念一经产生，就受到学术界的普遍关注。艾登和米勒（Eden & Miller, 2004）认为外来者劣势是隐性的、难以预测的社会性危害，包括不熟悉危害、关系危害和歧视危害3个维度。

第一，不熟悉危害是指跨国公司在海外经营中因不了解东道国当地的政治、经济、文化和商业惯例等导致的误判或决策滞后，以及东道国利益相关者不熟悉跨国公司及其产品所导致的"母国偏好"（Denk & Kaufmann, 2012）。一方面，由于国家之间存在诸多差异，跨国企业在东道国经营时，对于当地的市场环境缺乏深入了解，因此企业在制定战略决策等环节往往处于不利地位。另一方面，地理、文化和语言等多种差异造成了信息不对称，东道国的利益相关者缺乏对跨国企业的足够了解和信任，对这些企业及其产品的认知相对有限。他们通常会倾向于选择本土企业和熟悉的产品，由此所需承受的风险也相对较小。

第二，关系危害是指跨国企业在海外经营过程中的内部关系冲突和缺乏外部关系。首先，从内部关系来看，母公司的各类附属机构结成的网络会成为企业重要的资源，各子公司或者分支机构作为网络节点可以接触到不同的外部资源，如信息和技术能力等专有资产。然而，来自母国与东道国的员工在社会文化背景和价值观等方面存在差异，跨国公司在人力资源管理上会面临更多的困难和冲突；另外，由于部分管理知识的情境依赖性，跨国公司的母公司与东道国子公司间也可能会产生缺乏有效衔接的现象。其次，从外部关系来看，跨国公司的海外经营需要通过外部利益相关者所形成的社会网络发现和挖掘国外市场机会、获得信息流和知识流以及得到诸如信任和声誉等优势。然而在东道国的社会网络中，跨国企业在缺乏必要的嵌入性，很难在经营过程中获得东道国利益相关者的认同，因此存在外部关系的缺失（蔡灵莎等，2015）。

第三，歧视危害是指跨国公司在东道国所遭受的不公平待遇，其主要来自民众和政府的偏见或是基于经济民族主义而产生的差别对待。来源国歧视是指由于对某些国家存在固有的印象，东道国相关利益群体对来自这些国家的跨国投资也往往表现出歧视性偏见，从而通过差别化政策以约束其在当地的经营活动，尤其是新兴经济体跨国企业由于来自制度缺陷、技术落后国家而遭遇经营危害（Amankwah – Amoah & Debrah，2017）。带有原产地特征的品牌、产品以及广告等信息也会系统地影响东道国消费者的品质认知并由此导致歧视效应。这种歧视则经常表现出普遍性和广泛性，尤其是发达国家的利益相关者通常会把产品质量差、政府干预、不公平竞争、创新不足、公司治理结构不良等负面印象与新兴经济体跨国企业相联系，导致其跨国投资面临严重的信誉赤字（魏江和王诗翔，2017）。出于保护本国产业和维护国家利益的目的，东道国政府会在本土公司与跨国公司之间实行双重标准，尤其在某些敏感性行业中，跨国公司面临的政策限制与政府管制更为严格。

2. 外来者劣势的来源

外来者劣势的来源主要在于信息缺失、合法性缺失和嵌入性缺失（Klossek et al.，2012）。

第一，信息缺失。跨国企业与东道国利益主体之间的信息不对称是导致其决策出现偏误的重要因素之一。在海外投资过程中，跨国企业既难以全面了解东道国的政治、经济和司法等规制性信息，也很难理解其社会风俗、价值观和消费习惯等方面的规范性信息。由于信息缺失，跨国企业无法充分掌握东道国市场中的商业信息、交易规则以及消费者心理偏好，企业将因为不熟悉危害而面临经济活动的多重制约。与此同时，东道国的政府、供应商和消费者利益相关者无法及时获取海外企业的身份、信誉以及产品质量等完全信息，因此东道国企业更愿意与熟悉的本土企业合作。同时，很多新兴市场经济体在国际市场中的负面来源国形象会导致其跨国企业难以获得东道国的身份认同，不公平的歧视性待遇也随之而来。由此可见，因为信息缺失而导致的母国选择偏好和来源国效应会引发跨国企业海外经营的歧视危害（杨勃，2019）。

第二，合法性缺失。依据组织制度理论，合法性缺失被认为是外来者劣势重要的来源。东道国本土的利益相关者将政治制度、法律规则、社会规范和文化观念等作为评价的依据，对组织及其行为在一定范围内是否符合标准的感知（蔡灵莎，2017）。当组织或其行为被普遍接受时，即表明合法性的取得。当然，不同经济体之间在政治制度、司法体系、市场机制和思想观念等方面存在普遍差异，因而跨国企业在海外投资时也会面临各种规制、规范和认知等方面的合法性缺失（Cuervo-Cazurra et al.，2018）。一方面，因为母国和东道国在正式制度上存在差异，新兴市场经济体的跨国企业在进入发达经济体进行投资时，因不符合合法性要求而面临东道国政府的限制和阻碍，遭受歧视性待遇。另一方面，语言、文化和价值观经历了漫长的历史过程而凝结成了固化形态，跨国公司难以精准把握其他国家的规范性信息，也很难得到东道国利益相关者的认可。后者在长期的行为选择过程中，对本土企业的合法性已经较为认可，而对外来的跨国企业会因为刻板印象和认知偏差等主观意识而对其进行排斥，否认其合法性，造成关系危害和歧视危害。

第三，嵌入性缺失。跨国公司在东道国市场面临着政治嵌入性缺失、关系嵌入性缺失和技术性嵌入缺失。政治嵌入性缺失指跨国公司由于对东道国的政治制度和法律体系等存在陌生感，无法完全正确解读东道国制度而增加公司决策的难度。关系嵌入性缺失是指跨国企业难以迅速融入东道国当地的关系网络，从而导致跨国公司的企业行为面临诸多不确定性，增加潜在的风险和成本。此外，社会网络主体之间在生产过程中相互依赖，可以通过彼此交换和融合而进行技术创新。然而，由于技术嵌入性缺失，跨国企业难以从社会关系网络中获得知识溢出效应，在开发新产品上将承受关系危害（Szulanski et al.，2016）。

3. 外来者优势

外来者优势（benefits of foreignness，BOF）是与外来者劣势相对的概念，是指"外来者"的身份会给国外企业带来本土企业无法获得的好处或是优势（Sethi & Judge，2009；任兵和郑莹，2012）。外来者劣势并不能应用于所有跨国经营的情境中，某些条件下，跨国企业在东道国甚至获得了比当地企业更高的合法性（Kostova & Zaheer，1999）。例如，东道国的部分企业因为不公平竞争行为而产生公共信任危机，或是由于长期的地方垄断和政策庇护而忽略消费者需求，生产技术落后，产品缺乏吸引力。这些国家的消费者可能会更加偏好外国企业生产的产品，跨国公司在这些国家中也通常具有良好的企业和产品形象。

外来者优势主要具有三方面来源：一是东道国对于外国企业在本国开展投资经营活动给予政策上的优惠；二是跨国经营时由于大量的投入产出能够获取规模经济和范围经济所带来的竞争优势；三是跨国经营所创造的多元化的知识学习和丰富的市场机会（Sethi & Judge，2009）。早期的国际商务研究认为，来源国对跨国企业国际化会产生积极影响，即存在来源国优势现象（Dunning，1988）。当跨国公司母国的技术水平先进时，东道国的消费者会自然认为该企业生产的产品品质也是一流的，部分发达国家凭借领先的技术和良好的国家形象可以给其海外分支机构带来外来者优势。例如，美国的谷歌（Google）、苹果（Apple）这些高科技公司很容易进入海外市场，因为硅谷完善的市场机制、密集的技术和人才资源有利于企业获取所有权优势，继而促进其海外投资。又如，因为德国本身就是高品质工业的象征，所以德国的一些汽车公司到海外市场进行直接投资时更容易得到东道国政府的许可和当地消费者的欢迎。发达国家的跨国公司在进行对外直接投资时，仅仅是因为其来源国的身份就可以在东道国获得很多优势（Cuervo - Cazurra et al.，2018）。对于新兴市场国家而言，虽然逆向 OFDI 至发达经济体会遭遇外来者劣势，但是在顺向投资至低收入以及最不发达国家时，因为国家的技术水平通常与经济发展水平具有较高的相关性，经济发展优势使企业得到特殊的战略性专有资产以及先进技术、品牌和管理能力等所有权优势，从而使企业在东道国获得外来者收益。此外，跨国直接投资能够提升企业的国际多样性，而国际多样性的丰富具有显著提升企业绩效的作用（Lu & Beamish，2004；陈衍泰等，2016）。东道国与母国间存在的正式和非正式的制度距离，能够给企业的产品差异化带来益处，丰富企业的隐性知识储备，有利于提升企业核心竞争力。相反，在文化、制度更相似的东道国投资，需要面临的竞争则更加激烈。

3.2 研究假设

3.2.1 正式制度距离与中国企业 OFDI 的区位选择

中国作为新兴市场经济体，自身的经济发展和制度质量水平总体呈上升趋势，在本书研究的总体样本国中，既有领先于中国的国家，亦有相对于中国处于劣势的国家。中国企业对外投资在全球金融危机之后已发生结构性改变，资源导向、市场导向明显，成本导向被削弱（金中坤，2019），战略资产寻求的特征更加明显。中国企业的对外直接投资动机在一定程度上主导了对东道国的选择，因此中国企业对外直接投资的区位选择既是对于传统国际商务理论的实践，也有中国特定国情下的突破与创新。

首先，制度逃离理论认为，一部分跨国企业在比较国内交易成本和对外直接投资的成本并综合考量国内的制度环境之后，会选择离开本国的投资环境，转而向制度质量更高的发达国家进行投资（Witt et al.，2007）。虽然投资于高收入国家也有部分出于自然资源寻求以及市场扩张的动机，但知识获取和技术转移是非常重要的原因，在特定国家制度环境中运营企业价值链中的某些环节可能比在母国更为有效。一般进行"制度逃离"的企业动机或追求对知识产权保护更规范的环境，或追求资源获取的公平性和效率，或追求对腐败打击更严格的市场。例如，很多跨国公司选择在美国设立研发中心是因为当地具备更为完善的产权保护制度而且注重技术创新。许多跨国公司进行对外直接投资的核心动机是通过东道国的区位优势发展企业自身的所有权优势，并且国内的制度压力越强，越会推动企业到制度优越的国家进行投资以获取更有价值的战略资源，发挥投资行为过程的"学习效应"。嵌入东道国完善的制度环境并取得合法性从而获取战略资源，或许是向制度距离较大的发达国家进行对外直接投资的重要原因。

其次，基于制度利用理论，中国的跨国公司因为熟悉国内复杂的制度环境，在制度体系相对不够完善的发展中国家经营时会比发达国家的跨国公司具备更为丰富的经验，而且东道国的"制度空洞"越大有时意味着制度利用的空间也会越大。中国企业的对外直接投资流向经济发展水平较低且自然资源较为丰富的国家或区域，这反映出中国企业对外直接投资的"制度风险偏好"的特征。尽管部分低收入国家的制度质量总体表现堪忧，相比于法制不健全、政府效率低下、政治不稳定以及腐败严重等突出的问题，中国企业更注重这些国家的自然资源，东道国自然资源密度便成为中国企业投资于此类东道国区位选择的重要依据之一。由于中国自然资源行业中大部分对外直接投资是由政府主导的国有企业实施，特殊的企业性质导致对外直接投资过程中存在除了获取利润之外的其他目的（邵宇佳等，2019），如维护中国的能源安全。中国企业更愿意付出一定成本或者更擅长去适应相对恶劣的管制环境，甚至灵活地利用这些国家的制度缺陷和制度空白。与此同时，制度环境越为低下的东道国政府也越可能通过实施减少税收、降低投资准入门槛和投资限制等更为优惠的政策来吸引外国投资。因此，跨国企业或者为规避本国的投资约束，减少投资等待时间或承担国家意志而主动增加对东道国的投资，表现为制度距离与母国越远反而伴随着更多的投资注入。

最后，从外来者劣势和交易成本理论的视角分析，对投资于与中国制度质量类似的中高等收入国家，收入水平的相近意味着在很多行业中消费者的需求结构也可能更为接近，市场导向或许为中国企业的主要投资动机。跨国企业普遍都具备在母国应对制度风险的经验，因而这些企业会倾向于选择在和母国的制度环境相近的东道国进行投资（Habib & Zurawicki，2002），并且利用制度经验优势快速嵌入当地市场。东道国与母国相近的正式制度环境可以明显降低跨国公司海外投资面临的不确定风险，降低投资成本，而且东道国政府也或许会为跨国企业提供更为熟悉的公共产品，从而扩大投资活动开展的规模和范围。一方面，较大的制度距离使跨国企业在搜寻市场和客户、适应东道国市场环境、合约洽谈及履行等诸多环节需要增加额外成本，从而减少企业投资的预期收益（李俊久等，2020）。另一方面，OFDI 企业有可能需要大幅度调整组织内部体制以适应当地市场的投资规则，这会导致较高的协调成本和投资风险。所以企业为规避外来者劣势，会倾向于选择制度接近的国家进行投资。

假设 1a：中国企业进行逆向 OFDI 时，倾向于选择与母国正式制度距离较远的东道国。

假设 1b：中国企业进行顺向 OFDI 时，倾向于选择与母国正式制度距离较远的东道国。

假设 1c：中国企业进行水平 OFDI 时，倾向于选择与母国正式制度距离接近的东道国。

3.2.2 非正式制度距离与中国企业 OFDI 的区位选择

正式制度质量有优劣之分，但非正式制度只有表现形式的差异。非正式制度因素根植于各国漫长的历史发展、悠久的传统文化以及较为稳定的社会价值观之中，对于国家之间经济往来的影响根深蒂固。

首先，基于外来者劣势的视角，非正式制度距离会明显增加东道国的利益相关者对于国外跨国公司的认可与接受的难度，并且巨大的文化差异也会增加跨国企业与东道国当地的政府和企业之间的交易成本，导致交流障碍甚至矛盾冲突（衣长军等，2019）。非正式制度距离易于引发具有民族主义倾向的民众偏见，提高 OFDI 企业的交易成本和资源获取难度，阻滞母国与东道国之间的信息交流。跨国企业母国与东道国在认知规范和行为标准上通常会存在一定差异，较大的非正式制度距离容易导致跨国企业的员工对于东道国相关信息的错误解读，增加信息解释的成本。此外，这种差异也会产生跨国企业隐性知识的内部转移障碍，此时东道国的非正式制度信息就会成为一种干扰，影响知识转移的效果。认知、文化和价值观等方面的巨大差异还可能会引起跨国公司与东道国政府和企业之间的利益冲突，降低企业跨国经营的绩效。非正式制度距离越大，意味着跨国企业在东道国的环境感知、隐性知识转移和协调交流等方面的障碍都会随之增加，跨国公司将面临巨大的信息管理压力，产生不熟悉危害、关系危害和歧视性危害，进而抑制对外投资的开展。

其次，非正式制度距离也可能会给投资企业带来外来者收益，因为非正式制度距离可以为跨国企业开发企业所有权优势提供特定的渠道（金中坤，2019）。投资国差异化的产品可以避免与东道国的现有企业的直接展开竞争，有利于企业在东道国市场上建立良好的市场基础，促进母国企业的对外直接投资。此外，非正式制度距离也为跨国公司获取战略性资产提供了特殊路径。跨文化背景的员工共同工作时，员工之间会互相学习不同的思维方式和处理问题的方法，不同的文化之间很可能产生碰撞，激发创新的灵感，有助于增强组织创造力。但是在以获取自然资源为主要目的 OFDI 中，文化差异很可能会激发东道国的民族主义情绪，阻碍其他企业的投资和经营，所谓的"外来者收益"也就不存在了。

本书认为，非正式制度距离对 OFDI 区位选择虽然存在外来者劣势和外来者收益两方面的影响，但是无论何种投资方向，主要表现仍然是投资抑制作用。由于文化差异导致的外来者劣势是在企业进入东道国市场初期所普遍遭遇的，当然可能会伴随时间维度的延伸而被弱化；外来者优势则并非跨国企业都会具有，而且有些优势是在已经进入东道国之后的经营过程中才得以展现，如根据东道国市场特征而进行的差异化营销策略的实施。而且，本书认为，外来者优势即使存在也需要将非正式制度距离控制在一定的范围内，否则，过大的文化差异无法构建企业员工对隐性知识的交流渠道，而且外来者劣势的负向影响会超过外来者优势影响的程度。因此，非正式制度距离与OFDI之间可能存在倒U形的非线性关系，也可能表现为单一方向的阈值内外影响强度的明显差异，具体特征有待进一步检验。整体上非正式制度距离的抑制作用会伴随距离的增加而表现得为更明显。

假设2a：中国企业倾向于选择非正式制度距离与母国接近的东道国进行投资。

假设2b：非正式制度距离对于OFDI区位选择的影响具有门槛效应。

3.3 模型设定、变量选取与数据说明

3.3.1 基础模型的设定

投资引力模型由安德森（Anderson，1979）最先提出，经过拓展与完善，目前在国际投资领域的研究应用已经较为成熟。本书使用扩展的投资引力模型，建立多元线性回归模型对假设进行验证。

$$\ln OFDI_{it} = \beta_0 + \beta_1 FID_{it} + \beta_2 IID_{it} + \beta_3 \ln GDPC_t + \beta_4 \ln GDP_{it}$$
$$+ \beta_5 \ln PGDP_{it} + \beta_6 \ln DIS_{it} + \beta_7 OPEN_{it} + \beta_8 INF_{it}$$
$$+ \beta_9 NR_{it} + \beta_{10} \ln PA_{it} + u_{it} \tag{3.1}$$

其中，$OFDI_{it}$指中国企业第t年向东道国i进行对外直接投资的总额，FID_{it}和IID_{it}分别是指中国与东道国i在第t年的正式制度距离和非

正式制度距离，为模型的核心解释变量。$GDPC_t$ 为第 t 年中国的国内生产总值，GDP_{it}、$PGDP_{it}$、DIS_{it}、$OPEN_{it}$、INF_{it}、NR_{it}、PA_{it} 分别代表第 t 年 i 国的国内生产总值、人均国内生产总值、与中国之间的地理距离、外资开放度、通货膨胀率、自然资源租金以及专利申请量，u_{it} 是随机扰动项。

3.3.2　变量及其说明

依据数据可获得性和完整性原则，本书选取 2003 ~ 2018 年中国对全球 98 个国家和地区对外直接投资的数据进行分析，变量的具体解释如下。

1. 被解释变量

被解释变量为中国对外直接投资额（OFDI）。对外直接投资有存量和流量两种核算方法。中国对外直接投资流量数据是按境内企业投资的首个目的地国家或地区进行统计，但是首个目的地并不能完全反映中国企业 OFDI 的投资动机，相较于流量数据，采用存量数据研究对外直接投资较为适合（杨宏恩等，2016），而且采用存量指标进行实证模型构建可以避免其他指标与投资之间出现的多重共线性，同时还能在一定程度上体现出投资的滞后效应，因此，被解释变量选用中国企业对东道国对外直接投资的存量数据。数据来源于中国历年的对外投资统计公报和 Wind 数据库。

2. 解释变量

（1）正式制度距离（FID）。对于正式制度的量化，目前学术界存在多种指标体系，包括世界银行（World Bank）的全球治理指数（worldwide governance indicators，WGI）、美国传统基金会（The Heritage Foundation）发布的全球主要经济体的经济自由度指数（economic free-

dom index，EFI)、世界经济论坛发布的《全球竞争力报告》、PRS 集团
(Political Risk Services Group) 提供的国家风险指数 (international coun-
try risk guide，ICRG) 以及美国和平基金会 (The Fund for Peace) 提供
的脆弱国家指数 (fragile states index) 等。本书测量正式制度距离采用
目前使用频率较高的 WGI 指标，因为其在本质上最能体现斯科特
(Scott) 和诺斯 (North) 关于制度的定义框架 (Kostova，2020)。WGI
从表达与问责 (voice and accountability，VA)、政治稳定与无暴力程度
(political stability and absence of violence/terrorism，PV)、政府效能
(government effectiveness，GE)、监管质量 (regulatory quality，RQ)、法
治水平 (rule of law，RL) 和腐败控制 (control of corruption，CC) 六个
维度分别测算中国与东道国 j 国的制度距离，各个指标取值范围在
−2.5~2.5 之间，数值越高代表该国的制度质量越高。综合制度距离
的测算方法目前有绝对距离、加权绝对距离、欧式距离和马氏距离等。
本书采用 KSI 指数方法进行测算。具体公式为：

$$FID_{jt} = \frac{1}{6}\sum_{k=1}^{6}(F_{kt} - F_{jkt})^2/V_{Fk} \qquad (3.2)$$

其中，F_{kt} 和 F_{jkt} 分别表示第 t 年中国与 j 国在第 k 个制度维度上的
得分。V_{Fk} 为本章研究中所有样本国家在第 k 个正式制度维度上分数的
方差。数据来源于世界银行的全球治理指标 (WGI)。

(2) 非正式制度距离 (IID)。本书借鉴现有文献中非正式制度距
离普遍使用的指标构造方法，采用霍夫斯泰德 (Hofstede) 的国家文化
维度数据来进行测算。具体包括权力距离 (power distance)、个人/集体
主义 (individualism vs. collectivism)、男/女性特征 (masculinity vs. fem-
ininity)、不确定性规避 (uncertainty avoidance)、长/短期导向 (long
term vs. short term orientation) 和放纵与约束 (indulgence vs. restraint) 六
个文化维度。由于部分国家的文化维度指标缺失，借鉴衣长军等
(2018) 的做法，采用替代法，用俄罗斯的文化指标来代替中亚五国的

文化维度指标。为与正式制度距离进行参照比较，同样采用 KSI 指数方法进行衡量。由于本书中非正式制度距离的 KSI 指数根植于霍夫斯泰德理论，霍夫斯泰德指数并非每年更新，在一定程度上忽略了时间因子对文化距离的影响，所以采用綦建红等（2012）的方法结合建交年数对非正式制度距离进行修正，构造本书的非正式制度距离变量（IID），得到公式：

$$IID_{jt} = \frac{1}{6}\sum_{k=1}^{6}(I_{kt} - I_{jkt})^2/V_{Ik} + (1/T_j) \tag{3.3}$$

其中，I_{kt} 和 I_{jkt} 分别是指中国与 j 国在第 t 年与第 k 个文化维度上的分数，而 V_{Ik} 是全部样本国家在第 k 个文化维度上分数的方差。数据来源于霍夫斯泰德网站公布的 2015 年数据。T_j 表示中国与东道国 j 国的建交年数，即中国和国家 j 之间的文化距离会随着建交时间的推移而缩小，但缩小的速度呈递减趋势。

3. 控制变量

（1）中国的经济总量（GDPC）。企业进行对外直接投资与其母国的经济发展水平息息相关。母国的经济实力越强，越倾向于发展外向型经济，企业对外投资规模的扩张动力也会越强，该指标用中国的国内生产总值表示。数据来自中国国家统计局。

（2）东道国的经济总量（GDP）。东道国的市场容量越大，越有可能在消费需求、投资分布和专业化分工等方面表现出多样性，对外投资企业也越容易获得规模报酬递增的收益，因而对来自国外的直接投资就越具有吸引力。该指标采用东道国的国内生产总值进行衡量，同时也反映了企业对外直接投资的市场寻求动机。

（3）东道国的人均 GDP（PGDP）。东道国的人均 GDP 越高，表示其居民消费水平就越高，中国企业对该国投资的机会就越多。本书采用东道国的人均 GDP 反映其市场发展潜力，表示中国 OFDI 企业是基于市场寻求的动机对东道国进行的投资。

（4）地理距离（DIS）。地理距离反映了企业进行对外直接投资过程中所产生的与空间距离有关的成本，如运输成本和信息传递成本等。现有文献中很多采用东道国与母国首都之间的实际地理距离进行测度，但是较为固定的地理距离并不能反映交易成本的动态变化。本书采用两国首都之间地理距离与国际油价的乘积表示地理距离。首都之间距离的数据源自 CEPII 的 GeoDist 数据库，国际油价采用北海布伦特原油价格（ICE Brent），数据源自 IMF 数据库。

（5）东道国的外资开放程度（OPEN）。一国对于外来投资的开放程度越高，意味着该国与其他国家之间的投资往来越密切，外国投资企业更容易获取当地的政治制度、文化习俗和市场需求等方面信息，有利于企业投资战略的制定和实施；该指标同时也反映了东道国对于国外投资的接纳程度，经济外向型的经济体更能吸引外资流入。该指标采用东道国每年外商直接投资的净流入量占其国内生产总值的比重来衡量。

（6）东道国的通货膨胀率（INF）。一国的通货膨胀率越低表示该国的宏观经济越稳定，有利于吸引外国企业的投资。

（7）东道国的自然资源条件（NR）。东道国丰富的自然资源会吸引大规模以获取资源为投资动机的外资流入。东道国自然资源禀赋越优越，越表示中国是出于资源寻求型动机对其进行投资。该指标采用东道国自然资源的租金占其本国 GDP 的比重来衡量。

（8）东道国的科技水平（PA）。本书采用东道国居民和非居民的专利申请数量来表示东道国的科技水平。一国专利申请数目越多，表明该国的创新能力越强，技术水平越高，研发资源越密集。该指标反映了中国企业是出于技术寻求动机对东道国进行直接投资。

上述（2）、（3）、（5）、（6）、（7）、（8）项控制变量的数据均来自世界银行数据库。本章对变量 GDPC、GDP、PGDP、DIS 和 PA 进行了对数化处理，以降低异方差的影响。各变量的描述性统计详见表 3.1。

表 3.1　　　　　　　　　　　变量的描述性统计

变量名称	变量含义	样本数	均值	标准差	最小值	最大值
lnOFDI	对外直接投资规模	1553	9.6754	2.6629	0	18.5164
FID	正式制度距离	1554	1.7015	1.7055	0.0426	6.5380
IID	非正式制度距离	1554	2.5554	1.0396	0.3310	19.0582
lnGDPC	中国 GDP	1554	29.3867	0.6752	28.1380	30.2417
lnGDP	东道国 GDP	1552	25.3074	2.0633	20.3747	30.6536
lnPGDP	东道国人均 GDP	1552	8.7623	1.6389	4.7832	11.6854
lnDIS	地理距离	1554	13.1489	0.6608	10.2256	14.5831
OPEN	FDI 开放度	1552	0.0616	0.2033	−0.5832	4.5164
INF	通货膨胀率	1520	5.2638	7.1533	−60.4964	98.2241
NR	自然资源禀赋	1552	10.1386	13.5949	0	68.7901
lnPA	专利申请数量	1091	7.3918	2.5144	0	13.3162
CC	腐败控制	1554	1.3968	1.9788	1.23e−08	8.2616
GE	政府效能	1554	1.0804	1.1340	2.19e−07	7.1011
PV	政治稳定与无暴力程度	1554	1.2051	1.4038	2.26e−08	6.4514
RQ	监管质量	1554	1.2525	1.4592	2.35e−08	6.7061
RL	法治水平	1554	1.4946	1.9215	5.81e−06	7.1315
VA	表达权与问责权	1554	3.7796	3.4551	1.52e−05	11.5123
PDI	权力距离	1554	14.2323	20.9503	−24	69
IDV	个人主义与集体主义	1554	−18.4801	20.8523	−71	9
MAS	男性与女性气质	1554	17.4279	16.5271	−44	61
UAI	不确定规避	1554	−33.7342	20.5913	−82	22
LTO	长期短期导向	1554	49.2187	23.1832	−13	87
IVR	放纵与约束	1554	−25.3318	22.6709	−74	24

正式制度质量通常与一国的收入水平具有较为密切的联系。按照世界银行的分类标准，目前中国属于中高收入经济体，以 2018 年投资样本国（地区）的制度质量及其与中国的制度距离为例，在顺向和逆向的对外直接投资中整体上都呈现出较大的收入差距，同时伴随着较远的制度距离，因为一国的收入水平和正式制度质量均有高低优劣之分，而文化差异并没有方向之分，非正式制度距离与东道国的收入水平也没有明显的关联（详见本书附录）。

3.4 统计分析结果

本书首先检验样本数据变量之间的相关性，然后利用面板数据，基于多元线性回归模型考察正式制度距离和非正式制度距离对于 OFDI 区位选择的影响。

3.4.1 初始检验

首先，对式（3.1）的解释变量基于全样本数据进行 Pearson 相关性检验。表 3.2 报告了变量的相关系数矩阵。其中除了正式制度距离（FID）和东道国经济水平（lnGDP）以及东道国专利申请（lnPA）和其经济发展水平（lnGDP）的两两相关系数大于 0.6 以外，其余所有解释变量的相关性系数都小于 0.6。其次，考察回归方程的方差膨胀因子（VIF）数值为 2.59，小于 10 的临界值，所以模型不存在多重共线性问题。

表 3.2　　变量的相关系数矩阵

变量	lnOFDI	FID	IID	lnGDP	lnGDPC	lnPGDP	OPEN	lnPA	lnDIS	NR	INF
lnOFDI	1.000										
FID	0.056	1.000									
IID	-0.172	0.509	1.000								
lnGDP	0.360	0.376	0.232	1.000							
lnGDPC	0.581	-0.059	-0.006	0.103	1.000						
lnPGDP	0.159	0.763	0.434	0.556	0.167	1.000					
OPEN	-0.051	0.125	0.014	-0.167	-0.053	0.078	1.000				
lnPA	0.319	0.333	0.182	0.868	-0.036	0.482	-0.098	1.000			
lnDIS	-0.067	0.059	0.454	0.025	0.242	0.083	0.003	-0.146	1.000		
NR	0.058	-0.410	-0.105	-0.201	-0.039	-0.337	-0.080	-0.229	0.107	1.000	
INF	0.014	-0.406	-0.178	-0.235	-0.043	-0.504	-0.052	-0.192	0.084	0.309	1.000

然后，使用 LR 检验判断模型采用混合最小二乘法（pooled OLS，POLS）还是固定效应（fixed effects）进行估计。LR 检验结果为 P > 0.10，所以可以采用 POLS 对式（3.1）进行初步检验。结果显示，中国与东道国的正式制度距离显著促进了中国企业对东道国的 OFDI（beta = 0.477，P = 0.008），而非正式制度距离的系数虽然为负，但是并不显著，即其没有表现出显著的作用方向（beta = − 0.374，P = 0.120）。结果如表 3.3 所示。

表 3.3　　　　　　　基于国家间经济发展水平差异的回归结果

变量	全样本 （POLS）	分组样本		
		低收入 + 中低收入（1） （FE）	中高收入（2） （FE）	高收入（3） （POLS）
FID	0.477 ** (0.176)	0.932 *** (0.253)	− 0.323 (0.372)	0.598 * (0.238)
IID	− 0.374 (0.238)	1.581 (9.464)	− 11.232 * (4.485)	− 0.802 *** (0.234)
lnGDPC	2.622 *** (0.131)	1.690 *** (0.140)	1.556 *** (0.263)	3.088 *** (0.308)
lnGDP	0.589 *** (0.114)	− 0.263 (0.504)	− 0.342 (2.280)	0.090 (0.224)
lnPGDP	− 0.568 *** (0.171)	1.393 ** (0.502)	0.652 (2.193)	0.604 (0.541)
lnDIS	− 0.555 ** (0.194)	− 0.062 (0.100)	− 0.232 (0.194)	− 0.754 * (0.347)
OPEN	0.004 (0.006)	0.005 (0.004)	0.034 (0.032)	0.006 (0.005)
INF	0.019 (0.014)	− 0.011 ** (0.004)	0.018 (0.011)	0.202 ** (0.065)

续表

变量	全样本（POLS）	分组样本		
		低收入 +中低收入（1）（FE）	中高收入（2）（FE）	高收入（3）（POLS）
NR	0.033 **(0.10)	0.002(0.059)	0.028(0.020)	0.066 ***(0.016)
lnPA	—	—	0.447 **(0.142)	0.537 **(0.168)
CONS	−70.317 ***(3.916)	−47.107(24.206)	−23.417(40.112)	−84.476 ***(6.678)
N	1517	568	212	563
R^2	0.5920	0.8386	0.8660	0.7166

注：＊P＜0.05；＊＊P＜0.01；＊＊＊P＜0.001。上述POLS模型中均采用了聚类稳健标准误。

正式制度距离在全样本中显著为正（beta＝0.477，P＝0.008），说明中国与东道国之间正式制度距离的增加，总体上有利于中国企业的对外直接投资，这与李俊久等（2020）的研究结论基本一致。非正式制度距离在全样本检验中没有得出明确的显著性结果，有待于后续进一步检验。国家层面的正式制度构建可以通过政府积极干预而在相对较短的时间内有明显变化，从某种程度上来说，正式制度距离带来的影响属于较小的可控范围，而文化习惯、价值观和民族特征等的形成则需要长期的积淀，其影响相对于正式制度距离更为固化。非正式制度距离对东道国当地民众的价值判断以及消费抉择有着极其深刻的影响，它对一国的对外投资关系的影响显然也很重要。

对控制变量的解释如下：由于专利申请数量在部分国家缺失，而且顺向OFDI很少以技术寻求为目的，因此在总样本和低收入以及较低收入东道国的模型设定中没有包含PA变量。中国的经济规模与企业OFDI

显著正相关（beta＝2.622，P＜0.001），说明中国综合实力的提升会推动国内企业 OFDI 的海外扩张，同时东道国的人均 GDP 以及 GDP 系数都显著，只是 GDP 显著为正向影响（beta＝0.589，P＜0.001）而人均 GDP 显著为负向影响（beta＝－0.568，P＜0.001），表现出中国企业 OFDI 具有一定的市场规模寻求动机，而人均 GDP 的增加有时也意味着成本的增加，出于效率寻求目的，在区位选择时会偏好人均 GDP 较低的国家。地理距离与 OFDI 呈显著负相关关系（beta＝－0.056，P＝0.005），这与经典的投资引力模型的结论一致。自然资源的丰裕程度系数也是显著的（beta＝0.033，P＝0.002），说明中国企业的 OFDI 仍然具有较为明显的自然资源寻求动机。而东道国的外资开放程度和经济稳定性并没有表现出显著关系，需要在分组样本检验中进一步讨论。

3.4.2 基于东道国经济发展水平差异的检验

在本书考察的东道国样本中，由于经济发展水平有明显差异，而经济体的经济水平很可能与当地的制度质量和中国企业的投资动机密切相关，将发达经济体和发展中经济体样本混合在一起进行估计检验并未反映出这种差异。因此，本书按照世界银行 2017 年的收入分类标准，将样本国家分为三个类别进一步研究，具体为较低收入国家（包括低收入国家和中低收入国家）、中高收入国家和高收入国家。中国自身位于中高收入国家行列，因此中国企业对于三类国家的投资依次属于顺向投资、水平投资和逆向投资，基于式（3.1）的估计结果如表3.3所示。

首先，正式制度距离对 OFDI 的影响在低收入和较低收入国家显著为正（beta＝0.932，P＜0.001），在高收入国家也表现为显著正向（beta＝0.589，P＝0.016），表明中国企业在顺向和逆向 OFDI 时都趋向投资于那些与自身制度距离差距较大的国家，验证了本书的假设 1a 和 1b，制度套利机制的作用比较显著。低收入国家的制度质量水平通常也较低，中国企业选择在这些地区投资，一方面是源于母国政府强有力的政策支持，另一方面或许是想通过较为熟悉的非市场行为获取投资便利。而在向高收入国家进行投资时，因为这些国家普遍具有先进的法治体系、完善的基础设施和高效的行政效率，所以中国企业在此投资容易得到稳定的投资预期收益，而且还可以获取东道国先进的生产技术和科学的管理经验等战略性资产，较大的正式制度距离反而促进了中国企业的学习和成长。但是中国企业在进行水平型投资时，正式制度距离产生的影响并不明显，假设 1c 没有被验证。

其次，非正式制度距离的系数在高收入和中高收入国家的子样本中显著为负（beta = -0.802，P = 0.001；beta = -11.232，P = 0.013），表明中国企业的水平和逆向 OFDI 趋向于那些与自身非正式制度距离较小的国家，支持本书的假设 2a，而顺向投资中非正式制度距离的影响却不明确。非正式制度是基于长久以来形成的认知和规范，较为固化和稳定，对投资的影响也具有隐性的特征。高收入国家民众的意识形态中难免会对中国存在某种怀疑或是抵触情绪，这些都对中国企业对这些区域的投资产生了抑制作用，外来者劣势产生的负面影响表现得更为明显。而在对与中国相近的中高收入水平的国家投资时，因为新兴市场国家和转型经济的制度环境是中国企业较为熟悉的，正式制度距离相对较小，而非正式制度距离因为根植于东道国不同的文化背景，相对而言，对 OFDI 所产生的抑制作用就较为明显。因此在这两类国家中，中国企业倾向于投资与自身非正式制度距离接近的国家。相比之下，在中国企业顺向投资于低收入和较低收入国家时，非正式制度距离的抑制性作用并不显著，有待后续进一步检验。

控制变量的解释比较如下：三组样本的分析结果都表明，中国企业目前海外投资进行区位选择时，市场和效率仍然是主要因素。在水平和逆向投资的区位决策因素中，技术寻求动机表现得较为显著，同样在这两类国家中也表现出一定的自然资源寻求动机，这与部分自然资源禀赋较为丰富的国家收入较高有关。但是自然资源寻求动机在顺向投资中却并没有显著反映，其可能的原因一方面是因为部分最不发达国家或地区尽管自然资源充裕，但因其数据极度缺失，在样本筛选时没有包含；另一方面是因为对于部分国家的自然资源投资活动更多地受制于政策和政治因素。与逆向投资不同，在水平投资和顺向投资中，中国企业并没有过多考虑距离成本因素，可能对于在以"一带一路"为代表的沿线国家"基础设施互联互通"的推动下，交通、通信和信息技术的快速发展对冲了地理距离的负面作用。

3.5 扩展性分析

3.5.1 基于时间维度的检验

2008 年之后，发达经济体由于普遍受金融危机影响，经济增长较为乏力。而与此同时，中国企业积极扩张海外投资，加快跨国并购的步伐，中国 OFDI 的投资主体结构日趋多元化，民营企业海外投资快速增长。自从 2013 年"一带一路"倡议提出之后，中国企业对"一带一路"沿线国家的投资力度与投资范围明显增大，海外投资中新兴市场经济体与发展中国家的比例也显著提升。这两个时间节点对于中国企业的对外直接投资产生了重大影响，而正式与非正式制度距离对于对外直接投资的作用机制或许也会伴随时间的推移呈现出动态的变化，同时也是进一步考察实证结果是否稳健，本节将总样本按照 2003～2008 年、2009～2013 年、2014～2018 年划分三个阶段子样本，分别进行 Hausman 检验确定适合的面板模型，估计结果如表 3.4 所示。

表 3.4　　　　　　　　　　　　基于时间维度的回归结果

变量	2003～2008 年 （FE）	2009～2013 年 （RE）	2014～2018 年 （FE）
FID	0.550 * (0.242)	0.376 *** (0.116)	-0.472 *** (0.134)
IID	-15.516 (9.725)	-0.340 (0.179)	-76.173 *** (21.433)
lnGDPC	0.903 (0.486)	2.711 *** (0.235)	1.110 *** (0.327)
lnGDP	-0.086 (1.007)	-0.573 *** (0.099)	0.199 (0.537)
lnPGDP	0.960 (1.080)	-0.601 *** (0.145)	0.402 (0.525)
lnDIS	0.828 * (0.402)	-0.612 ** (0.215)	-0.211 ** (0.078)
OPEN	0.001 (0.002)	0.003 (0.003)	0.005 (0.003)
INF	0.009 (0.008)	-0.001 (0.005)	0.007 (0.005)
NR	0.072 *** (0.014)	0.124 (0.007)	-0.0001 (0.007)
CONS	3.113 (32.201)	-71.039 *** (4.621)	168.14 ** (60.745)
N	557	483	477
R^2	0.5949	0.4158	0.3338

注：* $P < 0.05$；** $P < 0.01$；*** $P < 0.001$。

从实证结果可以看出，在各个样本时期，正式制度距离对中国企业 OFDI 均呈显著影响。在 2003～2013 年的"前倡议"阶段，正式制度距离对 OFDI 区位选择具有正向影响（beta = 0.550，P = 0.023；beta = 0.376，P < 0.001），无论是顺向投资的技术寻求还是逆向投资获取资源都表现出比较明显的"制度套利"动机。但是自 2014 年以后，正式制度距离的作用方向变为负向（beta = - 0.472，P < 0.001），这也与中国与"一带一路"沿线国家投资合作迅速深化和扩张有关。这些国家中多数为不发达经济体，而且在投资于与中国经济水平和制度质量差距不大的东道国时，显然"制度套利"的动机被明显弱化，正式制度距离中的"外来者劣势"影响占据上风。

非正式制度距离在中国企业 OFDI 早期阶段并没有表现出显著作用，可能的解释是，在"走出去"的初期，中国进行 OFDI 的企业多为国有企业，这些企业具有特殊的所有制背景和政策资源，在充分享受政策红利的同时，非正式制度距离的影响并不十分明朗。而伴随 2008 年以后中国 OFDI 投资主体结构和投资方向走向多元化，非正式制度距离的阻碍作用也逐渐得以体现，由 2009 ~ 2013 年阶段的微弱显著（beta = - 0.340，P = 0.057）到 2014 ~ 2018 年阶段的强显著（beta = - 76.249，P < 0.001），而且其产生的阻碍作用明显强于正式制度距离的作用。

基于时间维度的分析与全样本分析结果进行比较可以看出，对于中国企业 OFDI 总体区位选择的影响，正式制度距离和非正式制度距离的作用都具有一定的动态变化，并且二者的投资抑制效应都有所增加，这也反映了企业的投资流向受到制度距离抑制作用的增强，尤其对于非正式制度距离的制约作用更应予以重视。

3.5.2 基于制度距离分维度的分析

1. 基于正式制度距离细分维度的分析

由上文分析可知，正式制度距离与非正式制度距离的各个维度对于中国企业 OFDI 区位选择的影响程度存在显著差异。考虑到正式制度距离与非正式制度距离对投资影响机制不尽相同，因此，本书将进一步考察这些细分维度上的投资效应的差异性，参见式（3.4）和式（3.5）。进一步借鉴蒋冠宏和蒋殿春（2012）的处理方法，将东道国与中国在各个维度上的得分相减并取绝对值，具体公式参见式（3.6）和式（3.7）。

$$OFDI_{jt} = \alpha_0 + \sum_{k=1}^{6} \varphi_k FID_{jkt} + \alpha_1 IID_{jt} + \gamma(\chi) + \varepsilon_{jt} \qquad (3.4)$$

$$OFDI_{jt} = \alpha_0 + \sum_{k=1}^{6} \varphi_k IID_{jkt} + \alpha_1 FID_{jt} + \gamma(\chi) + \varepsilon_{jt} \qquad (3.5)$$

$$FID_{jkt} = \left| FID_{kt} - FID_{jkt} \right| \qquad (3.6)$$

$$IID_{jkt} = \left| IID_{kt} - IID_{jkt} \right| \qquad (3.7)$$

其中，FID_{jkt}、IID_{jkt} 分别为第 t 年中国与 j 国在第 k 个正式制度维度、非正式制度维度上的距离，$\gamma(\chi)$ 表示控制变量集。表 3.5 显示，正式制度距离的 6 个细分维度对 OFDI 的影响不尽相同，有显著正向和负向，但也有的维度不显著。

表 3.5　　　　　　　基于正式制度距离细分维度的实证结果

变量	全样本	低收入 + 中低收入（1）	中高收入 （2）	高收入 （3）
	FE	FE	FE	POLS
CC	−0.271 (0.147)	0.172 (0.211)	−0.390 (0.340)	1.435 ** (0.507)
GE	−0.436 *** (0.125)	0.483 * (0.202)	0.802 ** (0.290)	−1.180 * (0.561)
PV	−0.001 (0.094)	−0.181 (0.111)	0.310 * (0.175)	−0.638 (0.436)

变量	全样本	低收入 +中低收入 (1)	中高收入 (2)	高收入 (3)
	FE	FE	FE	POLS
RQ	0.527 *** (0.163)	0.587 * (0.229)	0.493 (0.332)	2.896 ** (0.755)
RL	−0.447 * (0.190)	−0.105 (0.231)	−0.497 (0.396)	−1.648 * (0.804)
VA	0.004 (0.145)	0.136 (0.173)	−0.278 (0.303)	0.159 (0.546)
N	1517	568	212	563
R^2	0.7951	0.8400	0.8757	0.7561

注: *$P<0.05$; **$P<0.01$; ***$P<0.001$。模型中控制变量与常数项的结果此处均略去。

第一,腐败控制距离的影响在全样本中没有表现出显著性,在逆向 OFDI 中显著为正向(beta = 1.435,P = 0.007)。该维度的差异显著促进了中国对高收入国家的投资。通过分析中国与高收入国家的腐败控制指标发现,在样本时期范围内,大多数样本国家的得分明显高于中国。可能的解释是在腐败控制水平高的国家,中国企业难以利用非市场行为进行寻租获得投资的便利,东道国市场更为公开透明,企业为迎合东道国当地的合法性要求需要快速适应和学习东道国的高效和标准化的商业流程,反而促进了投资效率的提高。而在顺向和水平 OFDI 中,由于这些样本国家的腐败控制水平与中国差异不甚明显,而中国企业对此制度环境又较为熟悉,给付政治租金获得的投资便利和由此带来的投资阻碍可能会部分抵消,因此该维度的制度距离没有明确指向。

第二,政府效能距离在全样本中显著为负(beta = −0.436,P < 0.001),而在顺向和水平 OFDI 中显著为正(beta = 0.483,P = 0.017;

beta＝0. 802，P＝0. 006），但在逆向投资中影响显著为负向（beta＝
－1. 180，P＝0. 041）。政府的效率与能力与中国差异较大，总体上会抑
制企业的投资区位决策，但是对于政府效能相对不高的中高收入以及中
低和低收入国家，中国企业有和此类政府打交道的母国经验可以借鉴，
而且也深谙在公共产品不完善的制度环境下如何利用特殊渠道和资源对
其造成的负面影响进行缓释，甚至东道国政府效率越低下，中国企业在
当地投资所获得的"制度利用"的空间就越大。

　　第三，监管质量距离的作用在全样本（beta＝0. 527，P＜0. 001）、
逆向 OFDI（beta＝2. 896，P＜0. 001）和顺向 OFDI（beta＝0. 587，P＝
0. 011）中都表现为显著正向，但在水平投资中影响不显著。发达国家
普遍政府监管体系完善，东道国各级政府机构能够有效地保证跨国公司
的契约执行，同时保证企业在当地的经营活动自由化，有效维护企业权
利的获得，尤其对于部分在母国受制于地方政府过度干预和市场效率低
下的企业，东道国与母国的监管水平差距越大，"制度逃逸"的获利越
明显；反之，顺向投资的东道国的监管质量普遍较差，企业经营的自由
化程度也会受到约束和限制。但是对于中国企业来说，非市场资源的取
得是在这些国家取得竞争优势的关键，尤其是企业投资于自然资源密集
型的行业和基础设施时，国家政策的支持和两国高层政治联系在某种程
度上会更为重要，当地政府针对来自中国企业的投资可能会有特别的
表现。

　　第四，法治水平距离在全样本中表现为显著负向（beta＝－0. 447，
P＝0. 019），分组检验中仅在逆向投资分组表现出显著负向（beta＝
－1. 648，P＝0. 047）。法律法规体系的质量水平决定了跨国公司正常运
营的效率。在以技术寻求为动机的投资中，知识产权、私有产权的保障
和契约履行效率对于跨国公司海外经营获取技术至关重要。但是由于中
国的司法体系、法律框架和发达国家有所差异，可能会造成一定的冲
突。例如，与企业创新成果密切相关的工业知识产权的保护，习惯法采

用的是使用在先原则，成文法采用的是注册在先原则。因此知识转移在接收方常常因为难以得到认可和接受，进而影响其在接收方的执行和内部化。

第五，表达权与问责权距离以及政治稳定与无暴力程度距离这2个维度的系数均未表现出显著性，说明中国企业在进行 OFDI 时，东道国政府是否重视民众表达权与问责权与社会安定的差异程度对中国企业海外投资区位决策的影响并不明显。

2. 基于非正式制度距离细分维度的分析

根据 Hausman 检验的结果，在全样本检验和分组检验中，P 值均大于 0.1，所以采用随机效应模型。检验结果如表 3.6 所示。

表 3.6　　　　基于非正式制度距离细分维度的实证结果

变量	全样本	低收入 + 中低收入（1）	中高收入（2）	高收入（3）
	RE	RE	RE	RE
PDI	0.0001 (0.088)	0.047 (0.029)	0.065** (0.021)	−0.044** (0.016)
IDV	0.004 (0.010)	0.003 (0.026)	−0.004 (0.015)	−0.010 (0.015)
MAS	−0.021 (0.011)	−0.057** (0.019)	0.103*** (0.013)	−0.042** (0.015)
UAI	−0.041*** (0.008)	−0.009 (0.013)	−0.002 (0.005)	−0.062*** (0.012)
ITO	−0.031*** (0.008)	−0.028* (0.014)	−0.039* (0.007)	−0.024 (0.012)
IVR	0.008 (0.008)	0.016 (0.015)	0.052*** (0.010)	0.021 (0.018)

续表

变量	全样本	低收入 + 中低收入（1）	中高收入（2）	高收入（3）
	RE	RE	RE	RE
N	1517	568	212	563
R^2	0.6000	0.6462	0.8372	0.7161

注：＊P < 0.05；＊＊P < 0.01；＊＊＊P < 0.001。模型中控制变量与常数项的结果此处略去。

第一，权力距离差异在高收入分组中显著为负（beta = − 0.044，P = 0.006），而在中高收入分组中显著为正（beta = 0.051，P = 0.002）。这说明东道国民众对权力分配不平等的接受与期望程度，具有明显的投资抑制或者促进效应。中国在该维度上得分较高，由于惯有的文化传统和体制原因，中国企业对于自上而下的权力压力和约束承受力较强。发达国家的权力距离普遍明显低于中国（例如美国、澳大利亚和部分欧洲国家），这也说明发达经济体的组织更强调个人能力，对于组织中不平等分配的容忍度较低，这与中国企业在母国惯有的注重权威和权力有较大区别，会使企业海外投资时面临很大挑战。而水平投资的东道国，除少数国家与中国的权力距离指数差异较大（如苏里南），大部分国家与中国情形类似，适度的权力距离差异或许能产生投资吸引力。

第二，阳刚—阴柔气质距离的负向影响在总样本中表现为微弱显著（beta = − 0.021，P = 0.055），在顺向与逆向 OFDI 中表现显著（beta = − 0.057，P = 0.002；beta = − 0.042，P = 0.006），说明该维度的差异阻碍了中国企业对上述两类国家的 OFDI。水平投资分组该维度的系数却是显著为正的（beta = 0.103，P < 0.001）。高收入国家该维度指数得分普遍明显高于中国（如瑞典、挪威和荷兰），顺向投资东道国的得分也都是高于中国的，而水平投资东道国该维度的得分与中国很接近。阳

刚－阴柔气质所表达的个体对于成功和物质的追求以及对于生活品质和关系维护诉求的倾向程度，会影响组织成员的个人行为方式和处事准则，差异过大可能会产生摩擦，但是距离较小或许会带来多元互补的投资促进作用。

第三，不确定性规避距离带来的影响，只在全样本和高收入分组中显著为负向（beta ＝ － 0.041，P＜0.001；beta ＝ － 0.062，P＜0.001）。高收入国家的不确定性规避维度得分普遍明显高于中国，这说明发达经济体企业组织注重通过规章制度和结构化、标准化的流程规避不确定性风险以及提高企业绩效，与低权力距离相关，其组织工作系统强调员工的参与和承诺。而中国企业对于制度流程的约束和严格管理等控制型实践较为缺乏。这将导致中国企业在高收入国家投资过程中，尤其在早期进入东道国市场时难以适应其管理流程和规范制度环境而产生投资抑制效应。

第四，在长—短期导向维度中，总样本表现出显著的负向关系（beta ＝ － 0.031，P＜0.001），逆向投资负向显著性微弱（beta ＝ － 0.024，P ＝0.052），而水平投资和顺向投资分组为显著负向（beta ＝ － 0.039，P＜0.001；beta ＝ － 0.028，P ＝0.041）。在该维度的得分中，只有少数东亚高收入国家该分值高于中国（如韩国和日本），大部分发达国家更注重短期利益的获得和目标的实现。该维度的文化隔阂，造成中国企业在逆向投资时表现出"外来者劣势"；在顺向投资中，中国企业的投资领域很多集中在自然资源密集型行业或者基础设施领域，基于战略目标的认知差异也会造成东道国社会民众对于外来投资意图的质疑，进而阻碍外资的顺利进入。水平投资中，该维度的得分除了少数国家（如俄罗斯）与中国较为接近外，其余大部分国家与中国差距较为悬殊，同样也会抑制投资。

第五，放纵—约束维度距离只在水平投资分组中表现出显著正向（beta ＝0.052，P＜0.001）。中国的传统文化强调克制、隐忍和社会道德规范，对于享乐主义容忍度较低，同样的文化也反映在日本、韩国等东亚文化圈。而西方国家强调释放自我和满足自身需求，这样截然不同的价值观有时也反映在企业组织中员工之间含蓄与率性而为、迂回与直截了当的沟通方式方面，中国在海外投资中对于这种差异适当了解并利用，或许可以促进组织成员之间思想和技术的交流，提高投资效率，避免摩擦和冲突。

第六，个人主义—集体主义维度的研究在组织行为学领域已经积累了丰富的成果，也是组织跨文化管理的重点研究方向之一。但是在本书中，该维度并没有任何显著性的表现。中国是典型的集体主义国家，而欧美很多国家则具有鲜明的个人主义特征。海外投资时，虽然从本书研究结果来看，这并不是区位选择决策的主要考虑因素，但这两种文化的碰撞依然值得在组织层面区别和研究。

3.5.3 非正式制度距离的门槛效应检验

1. 门槛模型的构建

前文的估计结果表明，非正式制度距离对中国企业 OFDI 区位选择在时间维度和投资方向上存在差异化的影响，总体样本指向以及顺向投资的影响并不明确。因此，非正式制度距离对中国企业 OFDI 的影响可能会存在门槛效应。为此，本书建立门槛面板模型来测度非正式制度距离的门槛值，以期对前文的结果给予进一步的解释。

本书采用汉森（Hansen，1999，2000）的面板门槛回归（threshold regression）方法，该方法的门槛值及其数量完全由样本数据内生决定，建立如下非线性门槛面板模型进行检验：

$$\ln OFDI_{it} = \beta_0 + \beta_1 \ln GDPC_t + \beta_2 \ln GDP_{it} + \beta_3 \ln PGDP_{it} + \beta_4 \ln DIS_{it} + \beta_5 OPEN_{it}$$
$$+ \beta_6 INF_{it} + \beta_7 NR_{it} + \alpha_1 IID_{it} \cdot I(IID_{it} \leq \theta_1) + \alpha_2 IID_{it} \cdot I(IID_{it} > \theta_1)$$
$$+ \cdots + \alpha_{n+1} IID_{it} \cdot I(IID_{it} < \theta_n) + u_{it} \tag{3.8}$$

模型（3.8）中，被解释变量为 $\ln OFDI_{it}$，代表第 t 年中国企业对东道国 i 的对外直接投资总额的对数，IID_{it} 为第 t 年中国与 i 国的非正式制度距离，为模型的核心解释变量，同时也是门槛变量。θ 为门槛值，α_1，α_2，…，α_{n+1} 为门槛变量在相应门槛范围时的核心解释变量系数，亦即当门槛变量跨越门槛值前后模型将会呈现出两种不同的估计结果，以此来判断在相应范围内，解释变量与被解释变量的作用关系。在整个门槛效应估计过程中，需要分别对门槛效应及门槛估计值进行显著性检验。u_{it} 为随机扰动项，控制变量及解释参考式（3.1）。

2. 门槛检验的结果

本书运用 Stata 15.0 软件对全部样本及根据投资方向进行门槛检验，采用王（Wang，2015）编写的面板数据门槛效应模型程序对方程（3.8）进行回归，分别在单门槛、双门槛以及三门槛假设下对其各自的门槛效应进行分析检验，确定门槛个数及门槛区间。删除 1% 的异常值、设置 100 个网格搜寻点并进行 300 次的 Bootsrap 方法（Efron，1979）检验，检验结果如下。

首先，对全样本进行非正式制度距离的门槛检验，检验结果如表 3.7 所示。

表 3.7　　　　　　　　全样本门槛效应的检验结果

门槛变量	模型	F 值	P 值	临界值			门槛值	回归系数	t 统计量
				10%	5%	1%			
IID	单门槛	71.98**	0.007	52.43	60.51	71.66	θ≤3.416	1.015	0.16
							θ>3.416	−100.286***	−7.87

注：* $P<0.05$；** $P<0.01$；*** $P<0.001$。

非正式制度距离的门槛效应只有单一门槛模型通过了显著性检验，

即只存在一个门槛值。非正式制度距离小于门槛值 3.146 时，系数为正但是并不显著；而当非正式制度距离高于门槛值时，表现出与 OFDI 显著的负向关系（alpha = − 100.286，P < 0.001）。当非正式制度距离小于门槛值时，基于文化和价值观的产品差异化优势、战略性资产互补性优势等与外来者劣势共存，全样本中没有体现出明确或者一致的作用结果。而当非正式制度距离高于门槛值时，外来者优势增长缓慢，无法抵消外来者劣势的增长速度，具体表现为非正式制度距离与 OFDI 负相关，即跨国企业的海外投资不愿流向与母国文化习俗和价值观差异较大的东道国及地区，结果验证了假设 2b。

其次，按照投资方向分组检验非正式制度距离的门槛效应，逆向 OFDI、水平和顺向 OFDI 都只存在单一门槛。检验结果如表 3.8 所示。

中国企业在对较低和低收入国家顺向 OFDI 时，非正式制度距离的影响通过了 5% 的单一门槛模型检验，而且在两个门槛区间内表现出一致的负向影响。与水平投资类似，非正式制度距离的投资抑制作用在非正式制度距离超越门槛值之后也表现出抑制程度的加深，而且变化程度更为明显。具体表现为，当非正式制度距离小于 2.029 时，投资抑制作用显著（alpha = − 23.019，P = 0.008），当超越门槛值以后，投资抑制作用明显加深（alpha = − 143.383，P < 0.001）。

中国企业水平 OFDI 至中高收入国家时，非正式制度距离的单一门槛模型通过了 5% 的显著性检验，在东道国与中国的非正式制度距离不超过 3.554 时，其对 OFDI 表现出显著的抑制作用（alpha = − 11.427，P = 0.020），超过门槛值以后，依然表现出投资抑制的倾向（alpha = − 12.236，P = 0.013），只是抑制作用的程度进一步增加。伴随非正式制度距离的增加，中国企业在对中高收入水平国家投资时，所面临的文化障碍呈现出加深的态势、外来者劣势的负向影响要明显超过文化多样性的外来者收益，对此在区位选择时要充分考虑。

表 3.8　按投资方向的分组样本门槛效应的检验结果

分组	门槛变量	模型	F值	P值	临界值 10%	临界值 5%	临界值 1%	门槛值	回归系数	t统计量
(1)	IID	单门槛	74.07*	0.013	47.66	55.76	77.35	θ≤2.029	-23.019**	-2.68
								θ>2.029	-143.383***	-9.50
(2)	IID	单门槛	51.76*	0.047	39.074	47.90	65.59	θ≤3.554	-11.427*	-2.34
								θ>3.554	-12.236*	-2.50
(3)	IID	单门槛	83.80***	0.001	42.92	49.14	57.11	θ≤2.410	27.546	1.82
								θ>2.410	-125.463***	-6.85

注：* $P<0.05$；** $P<0.01$；*** $P<0.001$。(1) 代表中低收入和低收入国家；(2) 代表中高收入国家；(3) 代表高收入国家。

　　中国企业逆向 OFDI 至高收入国家时，非正式制度距离的单一门槛模型通过了 1% 的显著性水平检验。当非正式制度距离不超过 2.410 时，"外来者优势"的作用显著超越"外来者劣势"，非正式制度距离的增加表现出微弱的投资促进作用（alpha = 27.546，P = 0.069），而超过门槛值以后则显示出显著的投资抑制作用（alpha = − 125.463，P < 0.001）。

　　总之，通过总样本及分组样本的门槛效应对比可以发现，在总样本中，非正式制度距离越过门槛值之后对 OFDI 的影响表现出显著的投资抑制作用，但分组检验的结果仍然存在一定的差异。逆向投资由于具有技术寻求的动机，当非正式制度距离较小时，文化多样性的碰撞与互补略微表现出有利于技术的创新发展的一面，但当其超过门槛值之后，抑制作用会骤然上升，尤其针对文化迥异的欧美国家，在进行区位选择时，非正式制度距离的"外来者劣势"的影响仍然不容忽视。水平投资尽管存在单一门槛效应，但是负向影响强度较为平缓，变化不很明显。而对于较不发达和最不发达的东道国进行投资，由于此类东道国很多分布于非洲和拉美地区，中国企业对于这些国家和地区的投资目的又多以获取自然资源或者以市场和效率寻求为目的，较大的文化风俗和消费习惯等方面的差异成为跨国投资的重要障碍来源，相比于亚洲国家和地区，投资至这些地区时更应当重视非正式制度距离的影响。

第 4 章

制度距离对 OFDI 企业创新
绩效影响的研究

4.1 对外直接投资与企业创新

4.1.1 资源基础观与开放式创新

企业拥有的外部资源对于其内部的创新活动具有非常重要的意义。资源基础观认为，组织获得的各种资源之间难以互相复制或转移，因而企业要通过将这些资源整合形成特定的企业能力，以促使企业战略得以有效实施。企业拥有大量的和多样化的异质性特定资源是影响其创新绩效的重要因素之一。企业能够通过内部和外部两条市场通道整合聚集具有价值的创新资源，并建立起相应的体系机制分享企业创造的价值。开放式创新鼓励企业或组织突破自身边界，将内部与外部的创新资源融合在一起形成一个开放的创新过程。企业内部的员工、外部的顾客、供应商和销售商，全球资源的提供者、企业的竞争对手等群体不仅与创新利益相关，也是开放式创新体系的组成部分（王圆圆和周明，2008）。在开放式创新过程中，多元化的资本、市场信息、技术资源及研发渠道等与创新利益相关者共同构成多主体的创新模式（陈钰芬等，2009）。

发达经济体的企业较为注重从企业外部与创新利益相关者处吸收获取各种资源，并将企业内部的资源输出作为交换。新兴市场经济体中很多后发国家的企业由于自身资源的缺乏或是受到外部条件限制，无法进行独立研发，但是通过积极探索开放式创新，可以将企业内部的知识和技术等专有性资产与发达经济体企业的创新成果相融合，并生产具有自主知识产权的产品。

跨国公司通过在海外建立研发组织或机构等模式进行研发国际化，这不仅可以助力企业在全球范围内获取更丰富的创新资源（Cordell，1997），也可以通过将其与企业内部资源积极互动增强企业的创新能力。当然，跨国公司对于研发国际化的投入能力有所不同，外部创新资源的转换效率也有所差异。跨国公司通过在海外设立研发组织、分支机构或是子公司等方式，能够加速企业的内部网络扩张，加深企业在东道国的社会嵌入，从而扩展资源的交换渠道，显著提升跨国企业知识获取及转移的概率，继而提升创新绩效。

4.1.2　知识基础观与技术溢出效应

企业的核心竞争力来自其所获得知识的深度与广度，企业之间的知识资源禀赋差距形成了企业生产效率的差异（Grant，1996）。由知识转移理论可知，知识可以在个体或企业组织之间进行交换而发生转移，从而引发企业在知识基础上的变化（Argote & Mironspektor，2011；谢宇翔，2020）。这种变化可进一步引致认知或是行为上的改变。因为发达经济体的跨国公司非常清楚其自身相对于东道国企业拥有哪些所有权优势，因而在进行研发国际化时会将先进的知识优先从母公司转移到东道国的子公司（Awate et al.，2015）。而对于新兴市场经济体的跨国公司，知识的转移流向恰好是相反的，东道国的子公司利用知识和技术的溢出将获得的先进知识转移回母公司，由此，母公司可以通过知识累积有效地开展创新活动（彭松林和周超，2017）。

知识和技术的溢出效应分为正向的溢出和逆向的溢出。正向溢出是指 OFDI 企业向东道国企业进行的知识和技术扩散，而逆向技术溢出则是指 OFDI 企业从东道国企业获取的知识和技术溢出。逆向技术溢出的概念最先由科格特和张（Kogut & Chang，1991）提出，他们通过研究发现，日本企业对美国进行的对外直接投资集中于技术密集型行业，具有明显的技术寻求动机，并由此提出了跨国企业对外直接投资存在逆向技术溢出这一重要论述。此后科埃和赫尔普曼（Coe & Helpman，1995）提出的"国际研发溢出回归理论"（CH 模型）为后续研究提供了重要的理论框架。波特里和利希滕伯格（Potterie & Lichtenberg，2001）研究发现，国外 R&D 效益会因为投资方式的差异而有所不同，并进一步明确了对外直接投资中逆向技术溢出效应的作用。福斯弗里等（Fosfuri et al.，2001）认为企业可以通过 OFDI 获取东道国的先进技术，然后反馈给本国企业，从而促进本国企业的技术创新。布兰施泰特（Branstetter，2006）的研究证明美国公司投资到日本的跨国企业同样存在技术外溢现象。

4.1.3　逆向技术溢出的传导机制

新兴市场经济体的跨国公司，通过并购或对外直接投资的途径在发达国家的技术密集区域建立分支机构，并通过模仿跟随效应、产业联系以及人才流动等效应获得来自东道国本土企业的技术和管理方面的知识，母公司对于子公司转移回来的技术和知识进行消化吸收并转化为自身的核心竞争力。对于向发展中国家进行的直接投资，逆向技术溢出也可以通过研发费用的分摊、研发成果的反馈以及外围研发剥离等机制实现（吴哲等，2015）。跨国企业在进行对外直接投资时，会依据其企业不同的成长目标选择不同的投资动机获取先进的技术或管理经验，从而降低企业的生产成本,增加产品的技术含量,获得对外投资的逆向技术溢出收益,优化企业生产结构,从而提升企业的创新绩效。

1. 模仿跟随效应

发达国家拥有较高的生产技术水平,跨国公司通过向发达国家进行直接投资,直接或者间接地提高了自身的创新和生产能力。拥有前沿技术的企业掌握核心专有性资产,位于行业价值链顶端。东道国当地的子公司通过自主跟随先进企业实现企业技术知识的创新发展。需要指出的是,子公司这种自我导向型的学习并非技术引进,企业也不必支付高昂的学习成本。跨国企业在东道国采取模仿的方式,学习同产业及同行业的研发模式和研发技术等,从而提高自身技术和竞争力。

2. 集聚效应

东道国具有完备的研发设施、先进的技术环境以及完善的创新制度,集聚效应能够使相关产业降低信息传递的成本,促进技术的互动与传播,这不仅能够使企业更迅速精准地获取最前沿的知识和技术,而且会激励企业快速提高自身竞争力。对于新建立的投资企业以及并购企业,逆向投资进入发达国家的有关集聚行业中,将更有可能获取行业内部的缄默知识和隐性知识。

3. 人员流动效应

跨国公司能够通过雇用东道国当地的技术人员,以及通过企业内部的创新知识学习和模仿,将所获取的先进技术反向输入至母国企业。对于并购企业,卓越技术人力资本的内部化,可以提升企业的吸收能力及创新能力。同时,母公司和子公司之间内部的知识和经验转移也需要企业内部具备顺畅高效的交流机制及通用语言,这对于部分复杂的隐性技术经验的回流十分重要。

4. R&D 费用分摊机制

新兴市场经济体跨国公司对发展中国家的投资可以通过在海外设立子公司或研发机构，把母公司研发成本部分分摊至东道国政府或当地企业。一方面，将研发成果运用到新产品中并将其投放到国际市场，海外公司能够快速扩大市场份额实现规模经济效应；另一方面，可以利用东道国优惠的税收政策直接分摊跨国公司的研发支出，投资所得利润可以进一步用于研发投入，提高企业创新能力。

5. 海外研发成果反馈效应

子公司会将其在海外研发的成果直接输送给母公司，海外投资可以将外围研发业务剥离以减少母公司组织资源的占用，并利用东道国当地丰富的生产要素降低研发成本。海外子公司会根据东道国市场的实际情况对本公司产品做出有针对性的改进。企业可将海外研发成果反馈至国内母公司，提高整个企业的技术能力。

4.2 国际化经验

目前学术界对于国际化经验的研究主要针对两个层面，即企业层面和个人层面。在实际研究过程中，企业层面的国际化战略是重点研究对象，而将高管作为研究对象的个人层面的研究则相对不足。

4.2.1 企业国际化经验

1. 企业国际化经验的含义与维度

企业在开展经营活动时，会借助已有的管理理念、工作方法和经营成果做出管理决策，而基于已有知识所做出的决策行为往往更具有协调性（Feldman & Pentland，2003），并且企业在管理经营上的经验积累会提升这个动作被反复运用的概率。中国企业进行海外投资的历史并不长，国际化经验作为一种相对缺乏的资源，是企业异质性的重要来源（郑莹等，2015）。国际化经验是指跨国公司在注册地所在国之外开展经营活动时所积累的经验，包括国际市场经营知识、国际先进的技术知识、国际先进的管理知识和实践、多元化的制度文化知识以及投资信息等。国际化经验主要包括国际化深度经验和国际化广度经验两种（Hitt et al.，2006）。其中国际化广度经验是指企业通过海外市场的范围和广泛程度的扩张所积累的经验；而国际化深度经验则是指企业在特定而具体的海外市场中持续嵌入所积累的经验。企业不同维度的经验被认为是影响企业经营绩效的重要因素。相比于没有经验的不断主动试错，经验学习的成本显然要低很多，对于跨国公司而言，充分利用国际化经验持续调整和优化自身的经营惯例与组织结构以适应海外生存是企业国际化的捷径之一（金中坤和潘镇，2020）。

2. 企业国际化经验与 OFDI 的关系

企业在跨国经营中积累经验的重要性最先由佩尔穆特（Perlmutter，1969）提出，其主要研究观点是，国际化是一个渐进的过程，在此过程中跨国公司可以利用经验降低决策的不确定性。郑莹等（2015）研究发现，国际化经验能够为企业从先前的全球化经营程序中获取知识，减少正式制度距离和非正式制度距离所造成的障碍，使企业能够更加灵活、有效地利用东道国的劳动力、技术、资本和市场等各类资源。徐雪玉（2017）认为跨国公司能够从之前的海外投资经历中积累特定的跨国投资知识和经验，在这些经验和知识被跨国公司吸收和转化后，能够对提升后续的对外直接投资绩效起到明显的促进效应。首先，在跨国企业进入东道国投资的最初阶段，通过国际化经验的积累和学习能够迅速地融入东道国，从而在相对陌生的环境中挖掘出更多的能力及知识，面对外来风险也会更加合理地进行决策选择以及市场细分，减少企业海外投资的不确定性和风险，并且通过营建高效的营销渠道和树立良好的企业形象，OFDI 企业能够在东道国获得合法性（Mitchell et al.，1992）。其次，跨国企业在进入东道国市场后的长期经营过程中，可以通过经验性的学习获得当地的技术、知识和商业网络等资源，并且构造适应当地制度环境的组织结构和管理体系，减少企业的外来者劣势以及由于国家之间制度差异造成的不利影响（Shenkar，2012）。此外，还有学者认为，国际化经验能够明显促进企业的海外投资，例如，李彤（2015）的研究表明，在政治风险对 OFDI 进入模式的影响中，国际化经验产生了显著的负向调节作用；李妍等（2017）运用 Meta 分析方法研究认为，国际化经验对于在海外市场进行国际投资及跨国经营具有显著的正向促进作用。现有研究中，多数文献是将国际化经验作为主要原因变量用于解释企业 OFDI 的决策或者绩效，鲜有研究将其作为中间变量纳入企业创新绩效的机制影响研究中。

4.2.2 高管团队的海外背景

1. 高管团队与海外背景的概念

汉布里克等（Hambrick et al.，1996）将高管团队定义为"能够协调组织并承担整个企业的运行工作，并且可以直接决定企业发展并执行企业战略的高层管理团体"，这是目前较为广泛采用的定义。本书根据 2018 年修订的《中华人民共和国公司法》将高管团队界定为"董事会、监事会和公司其他高级管理成员"，具体指上市企业年报中所披露的董事会成员、监事会成员、总经理、总裁、常务副总经理、常务副总裁、财务总监、技术总监、总经济师、董事会秘书、党委书记等高级管理人员。

虽然现有的研究中尚未对"海外背景"进行明确定义，但与之相似的"海归高管""海外经历"等概念已经有了较为明确的界定和具体的解释。赫尔曼和达塔（Herrmann & Datta，2005）认为，在国外的学习和教育经历、在跨国公司的国际分支机构或者国外公司的工作经历均可被认为是国际经历。刘和陆（Liu & Lu，2010）将海归企业管理者定义为"在 OECD 国家学习或者工作若干年以后回到母国进行创业的工程师或是科学家"。罗思平等（2012）认为"海归"是指在海外学习或工作满一年以上的归国人才。宋建波等（2017）认为，"海归高管"具体是指具有在中国以外的其他经济体学习或者工作经历的高管。在参考现有文献的基础上，借鉴代昀昊和孔东民（2017）的定义，本书中高管海外背景是指企业高管团队成员具有一年以上的海外留学经历或者职业经历。

2. 高阶梯队理论

高阶梯队理论由汉布里克和梅森（Hambrick & Mason，1984）提出，理论的主要观点如下。第一，企业的董事长、总经理与高管团队的其他成员一起构成享有企业权利并承担相应责任；第二，企业的战略实施以及所处的外部环境会影响其高管团队的结构，高管团队成员的具体特征也会反映出企业目前所处的特定情境；第三，高管团队成员的人口统计特征通过作为代理变量，可以对高管团队成员的价值观、认知能力以及风险偏好等心理和行为进行测度；第四，根据企业目前所处的内部和外部的客观情境，高管团队的基本特征决定了其在企业战略上所进行的决策，继而间接地影响企业绩效（谢宇翔，2020）。高层管理者为了更加高效、快捷地解决目标矛盾、信息过载以及线索模糊等问题，会优先选择既有的认知框架进行决策制定。影响企业的战略制定、产出和绩效的因素除了外部环境之外，还有组织内部高管团队成员的价值观和认知结构等（牛欢，2020）。根据认知心理学理论，高管团队的行为是团队成员按照其各自的选择倾向、认知思维习惯以及价值观对各种信息进行过滤与甄别后而进行的。组织作为惯例适应性系统，通常具有遵循规则的特质。所以，由于高层管理者的认知局限，战略决策的过程会倾向于形成一定的路径依赖（曹瑄玮和郎淳刚，2008）。企业的相关经验会影响其未来的行为，而高管团队成员作为企业的核心领导者，他们先前的经验必然也会影响到企业的决策。

高管团队成员的职业经历对其价值观和认知结构起到重要的影响作用。不同的职业背景会使高管人员形成不同的认知结构、价值取向、管理方式和管理风格，对其战略选择产生深刻影响。职能经验丰富的高管团队成员对于企业在经营管理、供应链构成、销售渠道以及制度文化建设等方面的了解更为深入，可以使企业合理有效地组织及开展活动，提高企业绩效。高管团队成员在海外工作中的职场经验能够使企业在开拓海外市场时更准确地掌握市场信息与发展动向，推进企业国际化进程，提升企业竞争能力，而且通过海外关系网络的扩张与延伸，企业的信息收集能力得到提升。另外，高管人员的教育背景也同样对企业绩效产生深刻影响。高管的受教育程度越高，自身的管理技能水平与专业知识水平越高，越能使得企业的发展更加科学高效，提升企业绩效。具有海外教育背景的高管，除了通晓涉外语言和文化之外，更前沿的专业知识、管理理念以及创新开拓的意识无疑也会影响企业的战略决策。

3. 高管海外背景与企业 OFDI 的关系

通常具有海外背景的高管具有以下特征：一是掌握国际先进的技术和管理经验；二是拥有资源和能力协助企业嵌入海外关系网络；三是更擅长管理海外子公司。因为他们具备丰富的海外管理经验，更易于克服不熟悉障碍，有效管理外籍员工。现有研究主要关注高管团队成员的海外背景对于企业发展战略、经营绩效以及创新质量的影响。部分学者研究发现企业高管团队成员的海外背景和国际化经验对于企业绩效有明显的促进作用（Rivas，2012；Qian et al.，2013；刘凤朝等，2017）。刘和陆（Liu & Lu，2010）研究发现，具有海外背景的企业高层管理者在企业组织中能够发挥相对更为显著的知识溢出效应，从而积极影响企业自身甚至是整个行业的创新能力。吉安内蒂等（Giannetti et al.，2015）和张娆（2015）发现企业高管的海外背景对企业的海外并购以及融资行为有正向影响。拥有海外背景的企业高管在研发创新过程中，更善于借鉴并实践运用海外的先进经验，整合更多丰富的资源，提升企业的创新绩效。宋建波等（2017）通过研究发现，企业董事的海外背景对于企业的技术创新以及风险承担能够产生明显的促进作用。代昀昊和孔东民（2017）的研究发现，拥有海归高管的企业的投资效率会更高。董直让等（2021）研究发现，高管的海外背景对海外子公司经营绩效的影响具有异质性，个人和团队的海外背景对于不同所有制性质的企业影响力存在分异，且海外教育背景和任职背景也对企业的经营绩效产生不同的影响。霍林等（2022）研究发现，高管的海外背景、金融背景和复合背景能够明显促进企业对外直接投资，但高管的海外学习经历和职能经历以及对于不同性质的企业影响同样也存在异质性。

　　然而，也有学者研究发现，具有海外背景的"海归"企业管理者在通过知识转移优化企业的过程也会受到种种因素的影响与限制。具有海外背景的高管团队成员有时会忽视与本国政府之间的关系维护，对于国内的经济和制度环境也缺乏深度了解，因而来自国内资源的支持力度相对不足（Wu et al.，2016）。具有海外背景的高层管理者由于自身的过度自信，会导致企业战略在实施过程中面临更多的风险与挑战，同时他们也不擅长与拥有政治关联的本土高管进行深入合作，更易于导致团队冲突（Wang et al.，2015）。

4.3 研究假设

4.3.1 制度距离与 OFDI 企业创新绩效

1. 正式制度距离对 OFDI 企业创新绩效的影响

跨国企业海外投资促进母公司创新绩效的提升通常通过两种渠道获得：一种是来自母公司企业内部的自主研发，另一种是在开放式创新过程中通过子公司在东道国研发或者模仿学习等方式获取外部知识和技术并通过逆向溢出机制转移至母公司，从而促进母公司创新能力的提升。一方面，跨国公司投资于发达国家，其子公司通过自主研发或者模仿学习东道国的研发模式和研发技术获得核心专有性资产，并且因其置身于相关集聚产业中，能够获得产业内部的黏性知识和隐性知识，通过成果反馈和吸收、人员互动交流等渠道将知识技术或者创新成果转移回母公司。另一方面，中国企业对发展中国家投资可以通过在海外设立子公司或研发机构，利用东道国的优惠的税收政策把母公司研发成本分摊至东道国政府或当地企业。而且将研发成果运用到新产品中并将其投放到东道国市场，海外公司能够快速扩大市场份额并实现规模经济效应；投资利润的增加则可以进一步用于子公司研发投入，并通过成果反馈机制，提高母公司的创新能力。

首先，基于组织制度主义，如前文所述，在进行跨国投资的初期，跨国企业有可能需要大幅度调整组织内部体制以适应当地市场的投资规则，这会带来较高的适应和协调成本以及投资风险，在很大程度上增加了获取差异化知识的难度，外来者劣势无疑是"制度接近"类企业考虑的主要原因。但企业资源的种类和配置模式与制度环境是动态匹配的。企业进入海外市场投资，嵌入至东道国与母国的双重制度环境中，合法性的获取是企业资源与制度环境从错位和不匹配到均衡匹配的过程，这表明跨国公司在对外直接投资的过程中，通过不断调整企业的资源结构、重塑企业能力来满足差异制度环境中相关利益者的需求（程聪等，2017）。企业通过搜寻、感知不同市场的制度特征，获取东道国消费者、供应商和政府等主体的需求信息，变更资源类型与资源配置方式，以满足东道国的制度合法性要求。这一过程客观上更新和迭代了跨国企业的知识储备，另外也增加了其资源柔性，为企业提供了坚实的创新资源基础（张烨，2020）。

其次，基于制度套利理论，一方面，中国的转型期制度环境为跨国公司提供了培育在欠完善的正式制度环境中运营的制度经验、制度能力以及关系能力等非市场能力的特殊途径，是发达国家跨国公司所不具备的特殊制度性优势（Cuervo-Cazurra & Genc，2011）。这些非市场能力是中国跨国公司实现 OFDI 创新过程中可以依托的重要能力，这种制度优势使正式制度距离对 OFDI 创新绩效产生的约束减少，反而增加利用东道国制度缺失进行创新资源优化配置的空间和效率。跨国企业可以将研发机构剥离至东道国以分摊成本，并通过成果反馈机制和投资效率的提升促进母公司的创新。另一方面，中国跨国企业选择正式制度环境更完善的东道国进行投资，可以逃离和规避母国制度环境的缺陷，尤其对于新兴市场国家的民营企业而言，在母国制度较为脆弱、创新环境和支持不适配，或者是国内的政治和金融资源供给不足的情境下，东道国相对于母国制度优势越明显，越有可能促进当地子公司快速模仿和学习，获取隐性知识和专有性资产。此外，可以充分利用东道国完善的知识产权保护机制等制度优势进行制度套利，以此获得更为卓越的技术研发成果，继而通过人员交流和成果转移促进母公司创新。

本书认为，尽管外来者劣势理论在研究制度距离对于发达国家 OF-DI 创新绩效的影响中具有一定的合理性，但以中国企业作为研究对象时则需要同时结合制度基础观和制度套利等理论。根据以上分析，本书提出如下假设：

假设 3a：正式制度距离对跨国公司 OFDI 创新绩效主要表现为正向促进作用。

2. 非正式制度距离对 OFDI 企业创新绩效的影响

非正式制度一般是内嵌于社会环境和组织中的价值观、文化标准、行为规范等。与正式制度相比，非正式制度的透明度较低，更为固化，也更难以理解。

一方面，基于外来者劣势理论以及组织合法性角度，跨国企业在东道国投资时，面临合法性约束和外来者劣势的风险，非正式制度距离的增加不利于 OFDI 企业创新绩效的提升。不论是明晰的显性知识，还是默会性的隐性知识，知识转移时，认知和规范制度差异都会影响接收方对其进行价值判断，知识转移的参与方会形成不同的认知范式，所转移的知识与接收方习俗、认知结构和组织文化匹配程度较低时，会使得转移的知识在接收方被认为是不合标准的，或者使得接收方在理解、利用和消化所转移的知识时出现偏差和失误，继而影响知识在接收方的执行和内部化（陈怀超等，2014）。

第一，非正式制度距离对跨国企业获得组织外部合法性形成阻碍。组织的外部合法性强调通过价值协同、风险规避、形象展示和修辞策略等方法来获得东道国政府、客户、供应商以及社会组织机构或团体等外部相关利益者的认同（Salomon & Wu，2012），但倘若无法得到外部利益相关者的认同，技术溢出和创新的过程会异常艰难。首先，因为非正式制度距离为隐性特征，东道国利益相关者因为难以获得国外投资企业合法性的相关信息而采用主观式判断或根据刻板印象评价，减少了海外投资企业获得合法性的概率。相对于正式制度距离，跨国公司深入了解东道国非正式制度的成本和难度更高，并且一旦违反非正式制度，其带来的负面影响持续时间会更久、修复难度也更大（宋渊洋，2015）。其次，东道国的利益相关者经常使用差异化的合法性标准评价本土企业和国外企业（Child & Marinova，2014），非正式制度距离的存在使得跨国公司对东道国的规范与规则评估及内部化难度增加，国外企业因为不熟悉本土市场的需求偏好而难以符合合法性标准。非正式制度距离不仅阻碍了跨国企业母公司与海外子公司之间的创新资源交流，而且还会增加企业调整组织惯例和公司文化的成本。

第二，非正式制度距离降低了跨国企业在东道国获取组织内部合法性的可能。组织的内部合法性是指组织内部的雇员、企业管理者以及股东等利益相关者对于组织认可和接受的程度（吴小节等，2019）。首先，跨国公司在进入东道国市场时普遍都会面临文化和价值观的差异，从而导致企业跨文化管理过程中的矛盾和冲突。非正式制度距离越大，内部的利益相关者相互交流、沟通和协调的难度就会越大，甚至会发生严重的管理冲突，增加沟通与管理成本（Kostova & Roth，2002）。其次，内部合法性尤其强调组织身份的作用。以跨国并购为例，并购之后被并企业的组织身份会产生明显变化，导致其组织身份出现模糊不清或是自相矛盾等混杂的状态，这会造成并购双方对合并后企业实际控制权的担忧，导致跨国主并企业内部出现管理错位和混乱，海外雇员不愿意接受管理或表现出消极情绪，增加企业管理协调的成本（杨勃等，2016）。非正式制度距离越大，母国企业所倡导的企业文化与价值观、管理理念和行为方式距离东道国企业可以接受的程度会相差越远，这无疑会削弱其在东道国的合法性表现。企业创新过程中的高管理与高协同成本使得知识管理的难度增加，海外子公司向国内母公司知识逆向溢出的效率也会因此折损，不利于创新绩效的提升。

另一方面，基于外来者优势的理论视角，当母国和东道国非正式制度距离处于一定范围之内时，多元文化背景下彼此学习交流与相互借鉴的机制将会提升企业对全球市场变化的适应性调整能力，增加投资的扩展边际。如果整合多元文化所带来收益大于其协调成本，则会降低企业风险，有利于企业创新。具有不同国籍的员工在一起工作时，会使得源于各自文化的固有思维方式之间彼此碰撞和交织并产生创造性思维，文化创新的溢出效应则将进一步作用于企业的产品与市场开发等环节，从而为公司发展注入新的活力。此外，非正式制度距离也在一定程度上为 OFDI 企业提供了跨国差异化及多元化战略实施的基础（周晓璇，2020）。由于国家之间差异化的文化和价值观会引发东道国当地的消费者偏好与母国之间存在明显不同，因此跨国公司选择与其母国非正式制度有显著差异的国家进行投资，可以获取来自双方文化不同而形成的差异化优势，而且也可以避免直接与东道国本土的企业进行竞争，在产品开发设计和工艺创新方面更具优势。适度的非正式制度距离下，跨国企业多元化的经营方式可以帮助自身习得新的管理理念、新的组织架构模式并激发技术创新（Jensen & Szulanski，2004）。

本书认为，非正式制度距离对于 OFDI 企业创新绩效的作用取决于外来者劣势和外来者优势的综合结果，会有企业性质和投资动机等方面的差异，总体上仍然以负面影响为主。根据以上分析，本书提出如下假设：

假设 3b：非正式制度距离对跨国公司 OFDI 创新绩效的影响主要表现出负向抑制作用。

4.3.2 企业国际化经验的调节作用

基于外来者劣势和资源基础观的视角，国际化经验是企业的一种特定资源，它不仅能够提升企业识别国际市场信息的能力，还能降低信息获取和内部协调的成本，降低外来者劣势的负面影响，在一定程度上扩大外来者优势的积极影响，对于提升 OFDI 企业的创新绩效产生积极作用。

第一，企业的国际化经验可以帮助跨境投资企业更有效地将母公司的核心竞争力竞争优势和战略型组织活动转移到国外，以便充分发挥其在东道国市场中的规模资源优势（Dellos & Beamish，2001）。资本、技术和品牌等企业核心资源优势的流动和转化较为简单，但是促使企业组织的战略性经营活动进行跨境转移则难度较大。假如跨国公司拥有十分丰富的全球化经营经验，对投资所在国的社会文化和制度环境理解深刻，能够获取较为全面的信息，有过同样或者类似的社会文化和制度环境下转移的经历，那么在东道国的子公司中继续实施这些战略性的组织行为则相对简单许多。国际化经营经验丰富的公司可以深入了解海外市场的制度，尤其是国际化广度经验丰富的企业，其对全球制度规则体系都有所把握，制度距离导致的边际成本则会相对较低，经营风险也较小。而且，由于其深度了解投资东道国在制度规范领域与母国的差别，因此可以有效地发掘潜在的制度套利机会。跨国企业也能通过核心优势和战略性组织行为在东道国市场的高效转移而获得更多的创新绩效。

第二，企业国际化的经验积累有助于跨国企业能够更好地学习掌握并有效运用东道国的信息技术优势。东道国先进的技术知识信息都内嵌于其独特的国际社会环境与历史文化情境之中，而这些跨国公司作为外来者，由于缺乏社会文化的内嵌性所造成的外来者劣势作为一种隔离机制，导致跨国投资企业识别、吸收并使用东道国的知识与技术越来越难（Schmidt & Sofka，2006）。国际化经验已经成为跨国公司发展的一项关键的战略资产，可以有效地降低外来者劣势因素对于跨国企业技术和知识学习所带来的负面影响。如果一家跨国公司拥有的企业国际化管理经验非常丰富，就可以顺畅有效地和东道国的创新合作企业及相关研发机构进行交流沟通，克服法律制度与企业文化等方面差异而造成的障碍，充分利用东道国企业的先进技术和逆向的溢出效应反哺母公司。并且因为已经习惯于在东道国的环境不确定性条件下运营，相比于缺乏国际化经验的企业，经验丰富的跨国公司会有信心和控制能力投入更多的研发资源以促进国际合作创新。另外，跨国公司的东道国与其母国之间良好稳定的地缘政治关系业已成为一个替代性的国际机制和制度安排，虽然这样可以有效降低中国跨境投资企业在其东道国投资运营中的不确定性风险以及其可能遭遇到的外来冲击，但一些富有国际化经验的公司却显然清楚怎样充分利用这些资源（金中坤和潘镇，2020）。

第三，企业国际化经验有利于跨国企业减少东道国的交易成本，更迅速地融入东道国的制度环境和市场环境。企业跨国经营的经历可以累积与东道国政府部门交流的成功经验，包括建立与当地政府之间的信任关系，显然这些经验的获取可以帮助跨国企业在日后的投资中更快速地取得东道国的合法性。同时，前期的国际化经历也会催发出系列适合本土化的经验，如与上下游企业协同发展，利用合资减少东道国的消费者由于其民族中心主义倾向和来源国效应而形成的强烈偏见、歧视以及负面的刻板印象。这些成功的国际化经验将会为跨国企业后期在东道国持续经营提供良好的借鉴（Li，2008）。国际化经验还涉及如何在海外市场获取资讯、选择和细分销售市场、商品差异化定价、建立营销渠道和塑造企业形象，以达到企业产品供给与当地消费者需求相匹配，这些成功经验的取得能够协助后续的投资者减少开发市场与异国经营的成本。此外，企业能够在直接或是间接的跨国经营过程中累积经验性知识，充分应对其他国家的消费偏好、文化价值观、商业习惯及其制度安排，以克服制度距离带来的影响（Johanson & Vahlne，2009）。国际化经验还能够使跨国公司更好地发掘和运用二者之间的相似性，在特殊情境中运营的经历有助于减少距离因素造成的不利影响，同时帮助跨国企业减少在东道国的外来者劣势，获得在东道国运营的合法性，增加创新绩效。

企业国际化经验在两个维度具有调节作用。第一，制度嵌入型障碍将会导致跨国公司和东道国利益相关者之间有关市场和非市场力量互动后果认知的差别；而不熟悉障碍与跨国公司和东道国当地企业合作经历的积累呈负相关关系（Cuervo – Cazurra & Genc，2011）。进入特定东道国的国际化深度经验，因为其针对性更强，特定性更高，将为企业提供更多的相关知识和知识沉淀，以及加深东道国的制度环境嵌入，例如提高与东道国当地政府官员的沟通技巧等，促进公司在谈判中处于比较有利的地位，发挥与东道国形成成功惯例的价值，进而有助于公司极大地降低或节省因熟悉市场的投入及试错成本，减少采用可能产生错误的流程及方法。为减少由"外来者劣势"所引起的合法性障碍，跨国公司将会采用东道国企业的经营模式以及提升自身在东道国的认知度两种途径获得企业跨国经营的"合法性"，从而提升跨国公司的企业创新绩效（Qian et al.，2013；陈岩和李毅，2016）。伴随跨国公司在东道国所设立的分支机构数量的扩张或者经营持续时间的增长，企业对于东道国的商业惯例、市场体系和管理知识的了解日益深入，通过企业自身布局或者与当地的利益相关者进行合作，企业对于特定东道国的制度感知和响应能力得以增强，从而提高制度距离对创新绩效的积极影响作用。第二，新兴市场企业国际化广度经验的积累意味着跨国企业在 OFDI 时会嵌入不同的制度环境，这使企业有机会接触多样化的技术和创意，形成更为广泛的知识基础（March，1991）。跨国企业与不同制度环境下的单元进行互动时，能够合并和整合不同制度环境下的惯例，产生创造性收益。而与母国具有明显差异且多样化的制度环境也使企业有更大的动力试验不同的解决方式，开发新的产品以满足不同的市场需求。另外，新兴市场经济体的制度转型迫使其企业更新其价值观和模式，进一步增强了企业从制度差异中感知和捕捉制度协同机会的能力。跨国企业可以有接近多元化的、新奇的和非冗余的创意的机会，同时也会面临多样化的选择和新的惯例，这为企业积累了更为丰富的知识资源和更为广阔的文化视角，帮助企业打破组织刚性，减弱由于知识利用而可能产生的路径依赖的锁定效应（王为公，2014），进一步提升制度距离对于创新绩效的促进作用。

假设 4a：企业的国际化经验正向调节正式制度距离对 OFDI 企业创新绩效的关系。

假设 4b：企业的国际化经验负向调节非正式制度距离对 OFDI 企业创新绩效的关系。

4.3.3　高管海外背景的调节作用

高管团队的国际化经验来自企业高层管理者的海外留学或职业经历，这些经历能够转化成为高管团队成员所拥有的关于国际市场运作规律和发展趋势的知识经验。本书认为，新兴市场经济体跨国企业的高管团队成员如果具有海外背景，个人国际化经验可以在一定程度上弥补企业国际化经验的不足。高管具备海外背景能够从以下几个方面调节制度距离与企业 OFDI 创新绩效的关系。

第一，具有海外背景的高管有利于企业积极应对制度风险和机会，有效获取及吸收创新资源，优化创新资源布局。相对于本土的企业高层管理者，拥有海外经历的高管具备更前沿的企业运营知识和更丰富的现代管理实践。这些前期积累的经验使其能够全面迅捷地获取和掌握全球市场中有关政治局势、经济发展和科技动态等各类信息（李竞等，2017）。他们在专业能力和技术水平等方面通常也会明显优于国内同行，这有助于企业管理层科学制定以及合理实施企业的战略决策。具有海外背景的高管往往对全球顶尖技术研发具有高灵敏性和高黏合度，能够密切追踪世界研发趋势（刘晓丹和张兵，2019）；同时，跨国企业借助具有海外背景的高管所掌握的先进技术与管理方式，有利于其明确当前研发投资目标，并充分利用现有资源，提升企业技术创新效率。基于高管海外背景带来的本土与海外双重知识的融合，跨国企业母公司可以更高效地吸收和利用海外子公司的技术（Wright et al.，2010）。拥有丰富海外经验的高管不仅能够根据企业资源需求设计和调整海外子公司的布局方案，还可以通过优化投资区位选择，使企业更灵活地利用"制度空洞"规避东道国的制度约束，有利于降低企业的创新成本与经营风险，使企业可以集中优势资源进行组织内部研发，输出更多的创新成果（牛欢，2020）。

　　第二，具有海外背景的高管助力企业克服海外经营的制度障碍，更有效地管理海外创新资源。具有海外背景的高管对于东道国的政治制度、政府行为、司法体系、消费者偏好以及社会规范等营商环境具有更深入的了解和体会（宋铁波等，2017），有益于跨国公司迅速化解在海外市场经营过程中产生的各种矛盾，积极发挥"桥梁式"作用（Child et al. ，2002）。首先，高管团队的国际化经验对于新兴市场国家的跨国企业非常重要，具有海外背景的高管，可以有效克服企业投资于东道国市场时由于信息缺失、合法性缺失和嵌入性缺失而导致的外来者劣势，从投资心理至行为都可以更全面地融入海外市场，获取更优质的创新资源。其次，企业在海外投资的过程中，难免会雇用东道国的技术人员，国际化经验丰富的高管可以基于自身的海外经历、知识储备和管理技能，更加科学高效地管理这些员工，减少因为文化或者价值观差异导致的冲突或者摩擦，增强当地员工的组织承诺和组织凝聚力，基于更为紧密的组织关系而产生企业内黏式的资源，激发其研发创新的动力。此外，具有海外背景的高管，在国外学习和工作历程中所嵌入的各类海外社会关系网络也为其积累了多元化的国际社会资本，有利于降低制度距离成本，打通正式与非正式制度阻碍，促进企业在东道国市场获取有效信息和知识，从而提高企业的创新绩效。

　　第三，具有海外背景的高管能够推动企业加强识别和处理创新信息的能力，降低制度成本。长期的海外工作和教育经历，不仅使这些高层管理者的语言和社交能力得到充分训练，还培养了其较强的心理素质，可以理性地面对和处理企业在海外投资过程中出现的知识复杂性和信息超载等问题。同时，高管海外经验能够显著提升企业处理来自多个国别以及多个子公司信息的能力（钟熙等，2018）。具有海外背景的高管有着更加丰富的海外学习和工作经历，同时因为其通晓交流语言、掌握东道国市场结构及商业惯例，并对东道国当地产品消费者偏好具有一定了解，信息掌握更为全面。特别是如果高管团队成员之前在国外市场的产品研发、营销策划等输出型职能部门有过工作经历，他们会更擅于挖掘和利用东道国的市场机会，追踪外部环境的动向并关注顾客需求的变化，从而能够及时开发出新产品、拓展新市场以满足消费者需求（王雪莉等，2013）。也是因为具有与东道国利益相关者交往的经验，他们对于市场有着更为敏锐的独特嗅觉，能够破除或减弱制度限制，因此会更有意识地去进行开发创新。此外，具有海外留学经历的高管对于语言的通晓和东道国文化相同或类似意识形态的深入了解，有助于其对企业进行更有效的管理，降低企业 OFDI 过程中的风险，克服正式和非正式制度距离带来的"外来者劣势"，提升创新绩效。

虽然高管的海外背景直接作用于创新绩效时可能会因为与母国资源的衔接和冲突问题存在负面影响，但基于以上分析，高管的海外背景能够显著弱化由于外来者劣势导致的制度距离对于 OFDI 企业创新绩效的负面影响。提出假设如下：

假设 5a：高管的海外背景正向调节正式制度距离对 OFDI 企业创新绩效的关系。

假设 5b：高管的海外背景负向调节非正式制度距离对 OFDI 企业创新绩效的关系。

上述变量之间的假设关系见图 4.1。

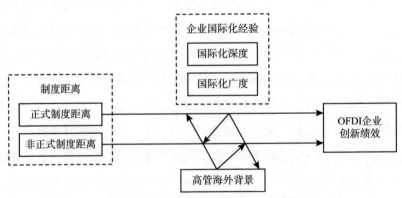

图 4.1　制度距离对 OFDI 企业创新绩效影响的概念模型

4.4　数据说明、变量选取与模型设定

4.4.1　样本选择与数据来源

本书以 2008~2018 年内进行对外直接投资的中国沪深上市公司为研究对象。

首先，采用商务部的境外投资企业名录数据库与国泰安中国沪深上市公司数据库进行匹配，根据企业母公司的名称整理出所有在 2008~2018 年期间进行对外直接投资的上市公司表单，并且剔除 ST 和 PT 的上市公司以及金融保险业、房地产业等技术寻求动因与研发行为不明显的企业。

其次，在实证研究跨国公司 OFDI 时，本书通过国泰安海外关联交易数据库收集了 982 家样本上市企业在 2008~2018 年间的境外投资活动信息，共涉及 84 个东道国。本书将每一个 OFDI 企业每年与其对应的每一个具有投资关系的海外子公司作为一个投资组合样本（若同期有多个子公司则逐条录入），并进行如下筛选：剔除投资目的地在百慕大群岛、英属维尔京群岛、开曼群岛等"避税天堂"的样本；剔除对海外子公司股权获得比例小于 10% 的样本；以对每个子公司海外投资的首次交易作为研究对象，最终获得 3956 个完整的投资组合样本。

企业层面的初始数据来自商务部境外投资企业名录数据库、Wind 数据库、国泰安数据库、公司年报以及相关金融网站。国家层面的初始数据来自国家统计局网站、世界银行、Hofstede 网站。

4.4.2　变量及说明

1. 被解释变量

被解释变量为企业创新绩效（Innovation Performance，IP）。创新绩效是指企业使用新技术以后所创造的企业价值的增值，与现有研究保持一致，本书采用企业发生的业务额增量测度其创新绩效。现有文献中，学者们依据自身研究的目的不同对创新绩效的衡量也不尽相同。目前国际商务领域主要从母公司的技术进步和创新产出两个角度测量企业国际化的创新绩效。指标选取主要分为以下三类（李梅和余天骄，2016）：第一类指标以企业创新影响为依据，普遍采用跨国企业母公司的全要素生产率增长衡量企业海外投资的逆向技术溢出和技术进步程度（Cincera & Ravet，2014）。第二类指标以企业创新产出为依据，目前较为主流的指标是基于专利申请的度量，也有学者采用专利授权数量衡量或利用专利引证进行分析（Silverman & Argyres，2004）。还有学者认为企业的专利并不一定都能转化为企业的产品而带来企业销售收入的增长，因此采用新产品销售数量或销售收入等指标进行测量（Tsai，2001）。第三类为复合型绩效指标，从创新的程度和宽度两个角度综合测量研发国际化的创新绩效（Silverman & Argyres，2004）。

本书以上述第二类指标中的跨国企业的专利申请数量来度量创新绩效。专利数据通常被视为衡量企业创新最重要的指标，因为它们包含与新想法和技术发展相关的标准化信息。现有创新文献大多以专利数据作为测度企业创新绩效的指标（Chen et al.，2012；李梅和余天骄，2016）。本书没有将专利授予数量作为测度指标是因为授予专利的过程中还会受到政府政策变化以及专利审批流程时滞等多方面不确定性影响，不能及时确切地反映企业技术创新成果，而专利技术即使没有经过授权也会对企业的绩效产生影响（Zhou et al.，2019；钟熙等，2018）。

毛其淋等（2014）的研究表明，对外直接投资对企业创新成果的影响具有滞后一年的效应，该结论同时也得到了其他文献的证实（Li et al.，2016；吴映玉等，2017）。因此在选取变量时，本书采用了相对企业对外直接投资滞后一期的企业专利申请量，包括上市公司独立进行的有效发明专利、实用新型专利和外观设计专利数量的总数。该变量是一个为非负整数的计数数据，具有过度离散特征。

2. 解释变量

（1）正式制度距离（formal institutional distance，FID）。本书采用世界银行发布的国家治理指数（WGI）的 6 个维度的综合指标来表示正式制度距离。

（2）非正式制度距离（informal institutional distance，IID）。本书使用 Hofstede 国家文化指数（2015）的 6 个维度综合指标衡量非正式制度距离。

变量具体释义及指标构成详见前文。

3. 调节变量

（1）企业国际化经验。企业国际化衡量的是企业进入海外市场的程度，即衡量企业进入国际市场程度和能力的指标。企业国际化指标通常采用海外资产占总资产的比例、海外市场销售额占总销售额的比例以及海外员工占企业全部员工的比例等指标进行衡量，但是这几个指标是高度相关的。企业的国际化行为是有步骤地、逐渐展开的，其具体体现为海外市场范围的不断扩张和在某一个市场的持续深入，国际化程度的测量包含国际化的广度和深度（Hitt et al.，2006）。国际化广度是指企业涉及海外市场的数量及分布情况，一般基于海外子公司的地理多样性进行测量（Wu et al.，2016；Hurtado-Torres et al.，2018）。而企业持续投入资源的程度称为国际化深度。

①国际化广度经验——子公司地理分布（SS）。采用 OFDI 企业同一时期海外子公司涉及的地域数量来测度国际化广度。拥有丰富跨国投资经验的企业能在多变的制度环境中保持竞争力，帮助企业 OFDI 活动更有针对性地展开。

②国际化深度经验——子公司密度（SD）。以每一年份 OFDI 企业在同一东道国子公司的数量衡量企业的国际化深度。在同一地区的子公司数目越多，则意味着企业在东道国的制度环境中获得的认同感就会越强，在这些子公司之间发生知识转移的概率也会越大，能够促进同一公司关联企业之间的技术溢出和知识共享，也有利于降低后续投资决策过程中的不确定性。

（2）高管海外背景。这里的高管是指包含上市公司的董事、监事以及其他高级管理人员在内的整个高层管理团队。高管的海外背景（MOB）是指企业高管拥有在企业母国之外地区的学校学习或者工作的经历。参考代昀昊和孔东民（2017）的变量设计，若上市公司中有 1 名或以上高管拥有至少 1 年海外工作或学习经历时设为 1，否则为 0。数据来自国泰安数据库中的"中国上市公司董监高个人特征文件"。

4. 控制变量

（1）东道国市场规模（lnGDP）。东道国的 GDP 越高，通常预示市场潜力就越大。本书以东道国的 GDP 并取对数表示市场规模，也用于表示企业 OFDI 的市场寻求动机。

（2）地理距离（lnDIS）。地理距离指东道国首都与北京之间的实际地理空间距离与观测年份的国际油价（Brent price）交乘并取对数。

（3）企业规模（lnSIZE）。用企业年末总资产取对数表示企业规模。规模较大的企业通常实力雄厚，拥有更多的人力、资金等资源，也更容易将固定研发成本分摊到大规模销售量上，并通过研发来对冲风险（Cohen & Levinthal，1989；Sasidharan & Kathuria，2011）。但也有学者认为大公司往往受市场竞争的影响较小，这限制了其对技术改进的激励（Kathuria，2008）。

（4）企业年龄（AGE）。企业年龄使用观测年份与跨国母公司的成立年份数值相减得到。一方面，随着年龄的增加，企业可以积累更多的经验、知识和其他特定资产，也能获取更高的单位投资回报率，经营状态趋向于稳定；但另一方面，年龄较大的企业也容易遭受更多的组织惯性，并且不能将新产品与组织资源、流程和策略联系起来。

（5）研发强度（RD）。借鉴李梅和余天娇（2016）的研究，采用上市公司研发支出与营业收入的比值并取对数进行衡量。其中研发支出包括资本化研发支出与费用化研发支出。研发投入被普遍用于衡量企业内部研发活动的规模与程度，本书采用总营业额平减规模效应提高了跨行业企业之间的可比性。现有文献中，研发强度能够积极影响创新绩效已经得到证实（Mudambi & Swift，2013）。

（6）盈利能力（ROA）。使用企业资产回报率来衡量企业盈利能力，即：（净利润＋利息支出）/总资产总额。一般高营利性企业拥有更多的资源来进行海外研发投资，尤其是可用于研发的资金相对充足，能够更好地支持海外投资以及创新活动。

（7）行业竞争程度（HHI）。指一个行业中各上市公司主营业务收入占行业总收入百分比的平方和，用来衡量市场中企业规模的集中程度，即赫芬达尔—赫希曼指数（Herfindahl - Hirschman Index，HHI）。该数值越大，表明行业中企业规模分布的不均匀程度越高，数值越小，则竞争越激烈，可以用于测量行业的集中程度。竞争性越强的行业，市场资源配置效率越高，企业创新的外源性动力普遍越强。

（8）持股方式（SHM）。对外直接投资的持股方式分为独资和合资，使用虚拟变量衡量。对于每一个境外关联公司，母国企业持有境外子公司95%以上股份定义为全资，取值为1；10%以上95%以下定义为合资，取值为0。母公司获得子公司的股份越多，就可以取得对子公司越多的控制权，继而影响价值创造活动。

（9）组织学习（OL）。借鉴蔡灵莎等（2015）和衣长军等（2018）的变量设计，本书将海外子公司的组织学习分为两种形式，即探索式学习和利用式学习。该指标的选取按海外子公司的经营范围来划分，将经营范围涉及技术咨询和研发设计的界定为探索型学习，其他经营范围界定为利用式学习。该变量是0~1哑变量，0表示利用式学习模式，1表示探索式学习模式。

变量说明如表4.1所示，变量描述性统计如表4.2所示。

表4.1　　　　　　　　　　　变量说明

变量类别	变量	变量标识	变量描述	数据来源
因变量	创新绩效	IP	上市公司专利申请数量	国家知识产权局
自变量	正式制度距离	FID	全球治理指数WGI	Word Bank数据库
	非正式制度距离	IID	东道国与母国的文化距离	Hofstede数据库
调节变量	子公司地理分布	SS	同一时期海外子公司涉及的地域数量	国泰安数据库CSMAR
	子公司密度	SD	同一时期在同一东道国子公司的数量	国泰安数据库CSMAR
	高管海外背景	MOB	企业高管拥有在海外教育或工作的经历	国泰安数据库CSMAR
控制变量	东道国市场规模	lnGDP	东道国GDP取对数	Word Bank数据库
	地理距离	lnDIS	东道国首都与北京之间的地理距离取对数	CEPII_BACI数据库
	企业规模	lnSIZE	企业总资产取对数	国泰安数据库CSMAR
	企业年龄	AGE	观察年度与上市公司成立年份的差额	国泰安数据库CSMAR

续表

变量类别	变量	变量标识	变量描述	数据来源
控制变量	研发强度	RD	企业研发支出占营业收入的比值	Wind 数据库
	盈利能力	ROA	企业资产收益率	国泰安数据库 CSMAR
	行业竞争程度	HHI	主营业务收入占行业总收入百分比的平方和	Wind 数据库
	持股方式	SHM	母公司对每一个海外子公司拥有的持股比例	国泰安数据库 CSMAR
	组织学习	OL	按境外关联企业的经营范围分为利用式学习和探索式学习	境外投资企业名录数据库

表 4.2　　　　　　　　　　变量描述性统计分析

变量	样本数	均值	标准差	最小值	最大值
IP	4061	53.8872	183.2546	0	3826
FID	4101	3.3534	1.5235	0.0502	6.1778
IID	3996	1.9908	1.5620	0.3315	5.0755
SS	4101	6.9632	6.6211	0	41
SD	4100	3.4831	5.4152	1	49
MOB	4062	0.6061	0.4887	0	1
lnGDP	4101	0.6089	1.8512	-10.4511	1.8936
lnDIS	3996	12.6203	0.8345	10.6363	14.5575
lnSIZE	4101	1.4701	5.6213	0	28.0982
AGE	4101	10.6918	6.3459	1	28
RD	4101	0.0424	0.4813	$1.30e-06$	0.5825
ROA	4101	0.0494	0.0535	1.068	0.4819
HHI	4101	0.1113	0.1079	-1.3607	0.7659
SHM	4101	0.7103	0.4537	0	1
OL	4101	0.0890	0.2848	0	1

4.4.3 模型设定

被解释变量专利申请为离散型数据，对于此类数据估计通常采用泊松分布（Poisson）回归模型，但由于数据的方差（33582.24）明显大于期望值（53.89），存在"过度分散"，且被解释变量中的零值占比较大，为样本总数的37.4%，是典型的零膨胀（zero inflated，ZI）数据类型。为了选择更合理的模型来拟合分析 ZI 数据，本书依据赤池信息准则（AIC）和贝叶斯信息准则（BIC）对标准负二项回归 NB 模型和零膨胀负二项（ZINB）回归模型的拟合结果进行判定（见表4.3）。

表4.3 两种模型结果比较

估计参数	NB 模型	ZINB 模型
lnalpha 离散参数	1.5024 ***	0.9778 ***
AIC	28816.99	28740.07
BIC	28898.67	28828.03
观测值	3956	3956

注：*** 表示模型通过 0.1% 水平的显著性检验。

由表4.3可知，ZINB 模型的 AIC 值和 BIC 值均小于 NB 模型，即该模型对本书的样本数据拟合分析效果最佳。因此，本书采用 ZINB 模型对样本数据进行处理，建立如下回归模型：

$$PA_{jk} = \alpha_0 + \beta_1 FID_{ij} + \beta_2 IID_{ij} + \beta_3 \ln GDP_{ij} + \beta_4 \ln DIS_{ij} + \beta_5 \ln SIZE_{kj}$$
$$+ \beta_6 AGE_{kj} + \beta_7 RD_{kj} + \beta_8 ROA_{kj} + \beta_9 HHI_{kj} + \beta_{10} SHM_{kj}$$
$$+ \beta_{11} OL_{kj} + \varepsilon_{kij} \tag{4.1}$$

加入调节变量的回归模型设定为：

$$PA_{jk} = \alpha_0 + \beta_1 FID_{ij} + \beta_2 IID_{ij} + \beta_3 SS_{kj} + \beta_4 FID_{ij} \times SS_{kj}$$
$$+ \beta_5 IID_{ij} \times SS_{kj} + \varphi(\chi) + \varepsilon_{kij} \tag{4.2}$$

$$PA_{jk} = \alpha_0 + \beta_1 FID_{ij} + \beta_2 IID_{ij} + \beta_3 SD_{kij} + \beta_4 FID_{ij} \times SD_{kij}$$
$$+ \beta_5 IID_{ij} \times SD_{kij} + \varphi(\chi) + \varepsilon_{kij} \tag{4.3}$$

$$PA_{jk} = \alpha_0 + \beta_1 FID_{ij} + \beta_2 IID_{ij} + \beta_3 MOB_{kj} + \beta_4 FID_{ij} \times SS_{kj}$$
$$+ \beta_5 IID_{ij} \times SS_{kj} + \varphi(\chi) + \varepsilon_{kij} \tag{4.4}$$

其中，i 代表国家，j 代表年份，k 代表企业，例如 $lnSIZE_{kj}$ 表示第 j 年第 k 家企业的规模；$lnGDP_{ij}$ 表示第 i 国在第 j 年的 GDP 的对数。α_0 是常数项，β 是解释变量的系数，ε_{kij} 是随机扰动项。$\varphi(\chi)$ 表示所有控制变量函数。

鉴于后续回归分析调节效应涉及交互项，解释变量、调节变量以及交互项之间可能具有一定的多重共线性，因此在构造交互项前，首先对自变量和调节变量进行中心化处理，以降低系数估计的误差。

4.5　统计分析结果

4.5.1　变量相关性分析

首先，进行 Pearson 相关性分析。报告结果显示（见表 4.4），变量之间的两两相关系数除 FID 与 lnGDP、ROA 与 HHI、IID 与 lnDIS、lnSIZE 与 AGE 之间系数超过 0.5，其余相关系数均小于 0.5，表示总体上变量之间没有明显的多重共线性。其次，为保证检验结果的稳健性，对本章回归方程的方差膨胀因子进行测算，显示 VIF 值为 1.83，小于 10 的临界值，即模型不存在多重共线性问题。

4.5.2　回归分析

主效应与调节效应 IINB 回归结果如表 4.5 所示。

表 4.4

变量相关系数矩阵

变量	IP	lnGDP	LnDIS	lnSIZE	AGE	RD	ROA	HHI	SHM	OL	FID	IID	SS	SD	MOB
IP	1.000														
lnGDP	-0.134	1.000													
LnDIS	0.074	-0.193	1.000												
lnSIZE	0.286	-0.074	0.057	1.000											
AGE	0.054	-0.043	-0.002	0.534	1.000										
RD	0.013	0.013	-0.058	-0.281	-0.229	1.000									
ROA	0.061	-0.005	0.017	-0.067	-0.100	0.053	1.000								
HHI	-0.048	0.060	-0.011	-0.058	-0.143	-0.017	0.660	1.000							
SHM	0.004	0.069	-0.044	-0.060	-0.081	0.081	0.061	0.037	1.000						
OL	0.065	0.020	0.053	-0.054	-0.016	0.160	0.094	0.044	0.037	1.000					
FID	-0.112	0.824	-0.104	-0.071	-0.056	-0.004	0.003	0.076	0.085	0.024	1.000				
IID	0.014	-0.010	0.749	0.063	0.038	-0.016	-0.013	0.019	-0.036	0.070	-0.008	1.000			
SS	0.140	-0.149	0.108	0.450	0.234	-0.016	0.054	0.054	-0.019	-0.044	-0.175	0.116	1.000		
SD	-0.061	0.115	0.025	0.190	0.082	-0.161	-0.083	-0.083	0.012	-0.085	0.092	0.135	0.202	1.000	
MOB	0.045	0.005	-0.024	0.043	0.014	-0.007	-0.030	-0.030	-0.027	0.044	-0.011	0.001	0.008	0.056	1.000

表 4.5　主效应与调节效应 ZINB 回归结果

变量	模型 1	模型 2	模型 3	模型 4	模型 5	模型 6	模型 7
lnGDP	-0.102** (0.018)	-0.158*** (0.032)	-0.094*** (0.018)	-0.146*** (0.033)	-0.146*** (0.034)	-0.097** (0.033)	-0.137*** (0.033)
LnDIS	0.110** (0.038)	0.103** (0.038)	0.214*** (0.059)	0.201*** (0.059)	0.183** (0.061)	0.244*** (0.060)	0.203*** (0.062)
lnSIZE	0.807*** (0.028)	0.809*** (0.028)	0.805*** (0.028)	0.807*** (0.028)	0.853*** (0.038)	0.855*** (0.029)	0.804*** (0.033)
AGE	-0.058*** (0.007)	-0.057*** (0.007)	-0.058*** (0.007)	-0.057*** (0.007)	-0.060*** (0.009)	-0.664*** (0.007)	-0.056*** (0.009)
RD	7.562*** (1.011)	7.779*** (1.011)	7.820*** (1.027)	7.999*** (1.025)	8.686*** (1.427)	7.180*** (1.004)	8.134*** (1.289)
ROA	10.890*** (0.871)	10.980*** (0.870)	10.847*** (0.871)	10.934*** (0.870)	11.639*** (0.993)	10.501*** (0.889)	10.908*** (0.935)
HHI	-5.644*** (0.452)	-5.671*** (0.453)	-5.597*** (0.454)	-5.626*** (0.455)	-5.915*** (0.678)	-5.566*** (0.467)	-5.536*** (0.663)
SHM	0.225*** (0.069)	0.209** (0.069)	0.213*** (0.059)	0.199* (0.079)	0.213** (0.079)	0.181** (0.069)	0.180* (0.077)

续表

变量	模型 1	模型 2	模型 3	模型 4	模型 5	模型 6	模型 7
OL	0.324** (0.107)	0.305** (0.107)	0.349** (0.108)	0.329** (0.117)	0.284* (0.119)	0.304** (0.108)	0.364*** (0.117)
FID		0.078* (0.036)		0.073* (0.036)	0.066 (0.038)	0.086* (0.036)	0.027 (0.041)
IID			-0.071* (0.030)	-0.067* (0.031)	-0.049 (0.034)	-0.066* (0.031)	-0.129*** (0.035)
SS					-0.019*** (0.005)		
SD						-0.073*** (0.007)	
MOB							0.126* (0.062)
FID×SS					-0.001 (0.002)		
IID×SS					0.003 (0.003)		

续表

变量	模型 1	模型 2	模型 3	模型 4	模型 5	模型 6	模型 7
FID×SD						0.024*** (0.005)	
IID×SD						0.007* (0.003)	
FID×MOB							0.082* (0.039)
IID×MOB							0.134*** (0.039)
CONS	-16.022*** (0.781)	-16.222*** (0.784)	-17.172*** (0.931)	-17.280*** (0.927)	-18.007*** (1.134)	-18.676*** (0.955)	-17.077*** (0.919)
N	3956	3956	3956	3956	3956	3956	3956
Log – likelihood	-14360.71	-14358.42	-14358.02	-14356.04	-14350.45	-14313.45	-14345.88
LRχ²	1114.48***	1119.05***	1119.85***	1123.83***	1135.00***	1208.99***	1144.14***

注：* 表示 P<0.05；** 表示 P<0.01；*** 表示 P<0.001。

4.5.3 结果与讨论

1. 基础回归分析

（1）核心解释变量的结果解释。由模型2、模型4的基础回归结果可以看出，正式制度距离FID与OFDI企业创新绩效正相关（beta = 0.073，P = 0.046），即母国与东道国的正式制度距离越大，企业创新绩效越高，这与假设3a一致。由模型3、模型4可知，非正式制度距离总体表现为增加了跨国公司对外直接投资的风险和成本，提高了其在东道国经营的难度，对母公司的创新绩效产生抑制作用（beta = -0.067，P = 0.029），这与假设3b一致。

（2）控制变量的结果解释。模型1至模型7中，各控制变量的系数符号和显著性基本一致，也表明控制变量对于企业创新绩效的影响是较为稳健的。以模型1为例，东道国GDP与企业创新绩效呈显著的负相关关系（beta = -0.102，P < 0.001），投资于经济发展水平较高的国家，尤其是在初期，研发网络协调和治理成本可能会超过所能带来的收益而导致对于企业创新绩效的负向影响。对于中国企业来说，不同于对OFDI的区位选择，地理距离恰好表现出与创新绩效显著的正相关关系（beta = 0.110，P = 0.004）。企业的盈利能力和研发投入强度的系数均显著为正，且在控制变量中的系数明显高于其他变量，是主要影响因子（beta = 10.890，P < 0.001；beta = 7.562，P < 0.001），表明企业盈利能力越强、研发投入越高，企业的创新绩效越高。规模大的企业同样也意味着企业拥有丰富的技术创新资源和抗风险能力，所以企业规模与创新绩效呈显著的正向相关关系（beta = 0.807，P < 0.001）。企业年龄系数显著为负（beta = -0.058，P < 0.001），可能是由于组织惯性的原因或者企业冗余造成创新效率降低。行业竞争指数显著为负（beta = -5.644，P < 0.001），说明竞争激烈的行业更容易激发企业的创新行

为。持股方式系数显著为正（beta = 0.225，P < 0.001），意味着母公司对子公司的控制力会影响其价值创造和逆向技术溢出，从而影响创新绩效。组织学习的系数显著为正（beta = 0.324，P = 0.003），海外投资设立子公司，相对于利用式学习，探索式学习的创新绩效正向影响表现得更为显著。

2. 调节效应分析

（1）企业国际化经验的调节效应。模型 5 和模型 6 分别引入国际化广度、国际化深度及其与正式制度距离、非正式制度距离的交互项，用于检验国际化经验的调节作用。正式制度距离与国际化深度的交互项 FID × SD 显著为正（beta = 0.024，P < 0.001），表明国际化深度经验能够正向调节正式制度距离对 OFDI 企业创新绩效的促进作用（如图 4.2 所示），这与假设 4a 的预期部分一致。非正式制度距离与国际化深度的交互项 IID × SD 系数显著为正（beta = 0.007，P = 0.022），说明国际化深度经验减轻了非正式制度距离对 OFDI 企业创新绩效的负向作用（如图 4.3 所示），假设 4b 得到部分验证。即随着制度距离的增大，同一东道国的子公司数目越多的跨国公司越了解东道国当地的司法体系、文化风俗和组织惯例等，可以更为高效地探索和利用更多的社会知识，取得在东道国的合法性，同时也减轻两国之间的认知和规范性障碍，加速跨国企业母公司与海外子公司之间的知识转移和管理，进而提高创新绩效。因为 FID × SS 和 IID × SS 的系数都不显著，所以国际化广度对于制度距离对创新绩效的影响关系没有表现出调节作用。

企业国际化深度经验对制度距离的两个维度与创新绩效的关系均显示出显著的调节效应，而国际化广度经验对于制度距离对 OFDI 企业创新绩效的影响没有得到调节效应的验证，可能的解释如下：作为新兴市场跨国企业在进行对外直接投资时面临更为广阔的市场环境与更为激烈

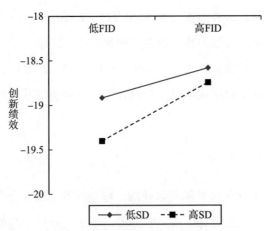

图 4.2　国际化深度经验对于正式制度距离与 OFDI
企业创新绩效关系的调节作用

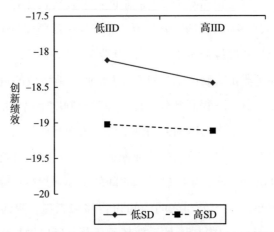

图 4.3　国际化深度经验对于非正式制度距离与 OFDI
企业创新绩效关系的调节作用

的市场竞争，中国的跨国企业为了获取竞争优势，会在规模经济与范围经济方面做出更多的承诺（王为公，2014）。国际化承诺较高的企业会与东道国当地的利益相关者发生更多的互动。对海外市场的深度卷入也会使企业获得特定的知识和经验，提升了企业识别、吸收、转移和利用外部知识的能力。国际化深度关注特定市场知识的沉淀和利用，使企业能够获得东道国市场消费者需求和竞争性产品的信息与反馈，这种嵌入性有利于新兴市场跨国企业更好地发现、理解和整合外部知识，进而使得这些知识与自身的产品和组织惯例相融合，减少和破除当地显性的正式制度壁垒和隐性的非正式制度障碍的制约，加深对当地市场的理解，深化与东道国当地机构的合作，推动产品的创新。而国际化广度使新兴市场企业面临更为复杂多变的环境，面对多样化的需求特质和差异化技术基础的对手、供应商及合作者，多元化的投资区位增强了企业运营的弹性，使企业能够对市场波动和变化以及制度环境的交织做出更有效的反应，也使企业能够积极地在国外和国内两个市场上进行机会识别。当制度距离增加时，跨国企业在多个国家的投资分布可以使企业知识积累的渠道更为多样化，对来自全球不同地区的多元化的制度环境进行总体把控，从而促进新兴市场企业接近多样化的知识、创造文化多样性的团队，寻求资源和互补性的技术，以加速创新过程。但是，面对错综复杂的制度环境，国际化广度的扩张有时会使各研发网络节点以及不同国际背景的组织成员之间的协调过程变长，协调成本增加，放大制度距离的交易成本的负面影响，从而不利于创新绩效的增加。另外，众多的跨地区、跨文化的项目，会使企业投入大量资源进行协商和谈判，当制度距离增加时，联合研发的项目越多，意味着企业内部的资金、人力与信息流动障碍与管理成本的增加越多，这种组织压力也会抑制创新绩效的增长。

由于对环境的熟悉和深度理解，国际化深度使新兴市场跨国企业对特定国家的知识搜寻更为有效和可预测，对于制度距离的创新约束效应能够起到更显著的缓释作用，而国际化广度有时更强调知识和资源的多元化，并非在单一市场进行深耕，因此对制度距离与创新绩效关系的调节作用不甚明确。

（2）高管海外背景的调节效应。模型 7 在模型 4 的基础上加入非正式制度距离与高管海外背景的交互项 IID × MOB（beta = 0. 134，P < 0. 001），表明高管海外背景可以有效减弱非正式制度距离对 OFDI 企业创新绩效的负向作用（如图 4.4 所示），验证了假设 5b。伴随非正式制度距离的扩大，东道国子公司学习当地企业的管理经验、组织惯例和创新方式的难度也随之增加，学习成本及投资风险也会相应提升。一方面，具有海外背景的高管通常通晓交流语言、熟悉商业规则和行为规范，掌握前沿的专业技术或是先进的管理知识，也普遍具有较强的协调能力和问题处理能力，能够有效地应对企业在海外投资过程中面临的各种风险，包括制度距离导致的各种不确定性和冲突。另一方面，海外留学或工作经历也塑造了其敏锐的国际市场洞察力，使他们可以高效整合及利用全球资源并获取企业国际化的相关信息，广泛搭建的海外关系网络也有助于企业克服外来者劣势。而且他们对于技术创新和知识产权的理解更为深刻，因此会更倾向于保护企业的专利等研发成果，有利于提高企业的创新产出。高管的海外工作或者教育背景能够有效降低 OFDI 企业由非正式制度距离带来的经营风险和交易成本，获取更多的商业机

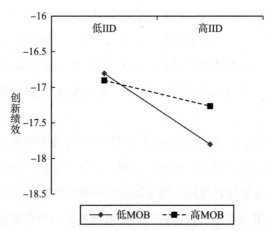

图 4. 4　高管海外背景对于非正式制度距离与 OFDI

企业创新绩效关系的调节作用

会，积极促进中国 OFDI 企业的创新绩效。模型 7 在加入正式距离与高管海外背景的交互项 FID × MOB 之后，虽然交互项系数显著（beta = 0.082，P = 0.035），但是由于模型 7 中的主效应 FID 系数不显著（beta = 0.027，P = 0.512），故高管海外背景对于正式制度距离与创新绩效的关系不存在显著的调节效应，假设 5a 没有得到验证。

4.5.4　基于企业所有制的异质性分析

在国际投资理论的研究中，所有制对 OFDI 企业国际化的影响备受关注。根据交易成本理论和资源基础观，国有企业的海外投资对于企业的影响表现为两方面：一是积极的促进作用，国有企业相较于民营企业可以获取政策甚至是政治方面的资源优势。首先，国有企业可以直接或者间接地获取母国网络支持等稀缺资源，成为其在跨国投资过程中重要的经营助力，而这些资源通常也是民营企业难以企及的（Shi et al.，2014）。民营企业融资过程中更多会受到来自强制性制度的约束。其次，国有企业在经营过程中可以从政府的激励政策、扶持性优惠项目以及诸项补贴中获利，因而面对海外市场的不确定性，其对风险的抵抗能力较强，或者认为国有企业在经营过程中面临制度距离引致的"外来者劣势""合法性缺失"等方面的负面影响小于民营企业，尤其是面对正式制度距离的约束，其抗干扰和抗风险能力较强，在海外经营中成功的概率较高（Inoue et al.，2013）。二是国有企业的海外经营本身也存在一定的特殊性。国有企业的 OFDI 行为和经营目的通常首先考虑国家的宏观经济利益，有时更是国家意志的直接体现，是母国海外投资战略的主要载体（衣长军等，2019）；国有企业在海外经营过程中，当地企业和民众或许会因为国有企业与母国政府的政治关联而质疑其投资动机，引发东道国利益相关者的反感甚至抵制，造成跨制度、跨文化的交流障碍，尤其是在一些"政热经冷"的地区投资，非正式制度距离对于国

有企业海外投资的约束更是不容忽视。而民营企业有时面对制度压力和
多变复杂的制度环境，其更为灵活的组织结构和战略柔性在整合多元化
的文化和价值观等非正式制度差异方面更具有主动性。相对于民营企业
较为关注正式制度距离，国有企业海外经营时如何处理非正式制度距离
带来的负面影响似乎更为关键。

中国作为新兴市场和转型经济国家，很多企业跨国投资的经验尚不
丰富而且风险规避意识也亟须加强。在海外投资的过程中，总体上，国
有企业能够凭借其资源和政策优势，对东道国进行较为全面的评估，降
低陌生的制度环境带来的风险和不确定性。

关于正式制度距离（FID）以及非正式制度距离（IID）对于 OFDI
的国有企业（SOE）和民营企业（PE）创新绩效影响的解释如下：根
据表 4.6 中的模型 1 的结果，正式制度距离对于国有企业的创新绩效影
响并不显著，如前文所述，国有企业在海外投资的过程中具有独特的金
融和政策资源，并且能够凭借特殊的政治优势弱化正式制度距离的影
响。而正式制度距离对于民营企业具有显著的正向影响（beta = 0.152，
P < 0.001）。民营企业 OFDI 相对于国有企业具有更强烈的"制度套利"
目的，尤其是面对国内的制度缺失和资源配置的不平衡，向发达经济体
"制度逃逸"的动机愈发明显。非正式制度距离对于两类企业创新绩效
的作用方向相反且都显著，对国有企业来说，海外投资过程中技术的探
索利用以及海外投资的逆向技术溢出过程会面临东道国的非正式制度的
约束（beta = -0.139，P = 0.031）。而对于民营企业，适度的文化环
境、价值观念与风俗习惯差异能够积极营造推动跨国企业海外创新的多
元化富有活力的软环境，从而使得非正式制度距离对创新绩效具有提升
作用（beta = 0.075，P = 0.036）。

表 4.6　按照企业所有制的分组检验

变量	模型 1		模型 2		模型 3		模型 4	
	SOE	PE	SOE	PE	SOE	PE	SOE	PE
lnPGDP	-0.260 * (0.109)	-0.324 *** (0.062)	-0.238 * (0.109)	-0.326 *** (0.062)	-0.275 ** (0.104)	-0.248 *** (0.065)	-0.321 ** (0.108)	-0.307 *** (0.062)
LnDIS	0.386 *** (0.119)	0.017 (0.066)	0.362 ** (0.115)	0.016 (0.066)	0.295 * (0.117)	0.082 (0.067)	0.395 *** (0.115)	0.023 (0.065)
lnSIZE	0.815 *** (0.056)	0.782 *** (0.035)	0.984 *** (0.068)	0.784 *** (0.039)	0.865 *** (0.056)	0.816 *** (0.037)	0.862 *** (0.055)	0.751 *** (0.036)
AGE	-0.090 *** (0.016)	-0.074 *** (0.009)	-0.098 *** (0.016)	-0.074 *** (0.009)	-1.000 *** (0.015)	-0.082 *** (0.009)	-0.092 *** (0.015)	-0.075 *** (0.009)
RD	6.164 * (2.831)	9.093 *** (1.101)	9.681 ** (3.213)	9.241 *** (1.129)	2.608 (2.350)	8.286 *** (1.097)	4.606 (2.493)	8.863 *** (1.084)
ROA	5.288 ** (1.788)	12.779 *** (0.978)	6.799 *** (1.791)	12.935 (1.010)	6.053 *** (1.728)	12.352 *** (1.003)	7.185 *** (1.861)	12.972 *** (0.977)
HHI	-5.022 *** (0.811)	-4.879 *** (0.585)	-6.202 *** (0.866)	-4.939 *** (0.594)	-5.728 *** (0.811)	-4.890 *** (0.593)	-5.650 *** (0.847)	-5.050 *** (0.585)
SHM	0.556 *** (0.140)	0.106 (0.079)	0.574 *** (0.140)	0.113 (0.079)	0.502 *** (0.133)	0.104 (0.797)	0.535 *** (0.136)	0.141 (0.079)

续表

变量	模型 1		模型 2		模型 3		模型 4	
	SOE	PE	SOE	PE	SOE	PE	SOE	PE
OL	0.478* (0.212)	0.097 (0.123)	0.349 (0.214)	0.092 (0.124)	0.419* (0.200)	0.047 (0.125)	0.268 (0.210)	-0.019 (0.131)
FID	-0.076 (0.065)	0.152*** (0.037)	-0.092 (0.067)	0.152*** (0.037)	-0.101 (0.092)	0.154*** (0.037)	-0.462 (0.064)	0.142*** (0.037)
IID	-0.139* (0.064)	0.075* (0.036)	-0.126* (0.064)	0.072* (0.036)	-0.076 (0.063)	0.049 (0.037)	-0.153* (0.063)	0.072* (0.036)
SS			-0.069*** (0.013)	-0.001 (0.007)				
SD					-0.056 (0.030)	-0.045*** (0.009)		
MOB							-0.515*** (0.130)	0.212** (0.072)
FID×SS			0.0001 (0.005)	0.001 (0.003)				
IID×SS			0.013* (0.006)	-0.004 (0.004)				

续表

变量	模型 1 SOE	模型 1 PE	模型 2 SOE	模型 2 PE	模型 3 SOE	模型 3 PE	模型 4 SOE	模型 4 PE
FID×SD					−0.035 (0.034)	0.019*** (0.006)		
IID×SD					0.025*** (0.005)	−0.007 (0.006)		
FID×MOB							−0.004 (0.129)	0.123 (0.104)
IID×MOB							0.439* (0.178)	0.081 (0.076)
CONS	−15.981*** (2.337)	−11.808*** (1.194)	−19.396*** (2.453)	−11.808*** (1.244)	−15.327*** (2.255)	−13.875*** (1.300)	−16.333*** (2.219)	−11.455*** (1.203)
N	1124	2832	1124	2832	1124	2832	1124	2832
Log - likelihood	−4520.94	−9766.00	−4507.61	−9765.41	−4498.77	−9749.27	−4510.42	−9760.43
LRχ²	280.65	776.79	307.32	777.96	324.99	810.25	301.69	787.93

注: * 表示 P<0.05; ** 表示 P<0.01; *** 表示 P<0.001。

在模型 1 的基础上，依据总样本模型，分别引入国际化广度（SS）、国际化深度（SD）和高管的海外背景（MOB）及其与正式距离和非正式距离的交互项，结果如表 3.6 中模型 2、模型 3、模型 4 所示。

模型 2 检验了国际化广度对于制度距离和不同所有制的 OFDI 企业创新绩效关系的调节作用。伴随海外投资的地理方向的扩展，国有企业海外投资的国际化广度能够弱化非正式制度距离对于创新绩效的负向影响（IID×SS：beta=0.013，P=0.031，如图 4.5 所示）。实力雄厚、规模庞大的国有企业，国际化的范围较为广泛，海外投资能够延伸至全球不同区域，对于来自多个细分市场的文化差异和不同的利益相关者更能够应对自如，跨文化管理的经验也更为丰富，在东道国更有可能通过主动的文化输出获得更具有话语权的创新氛围及优化创新资源的分布，有效地克服"外来者劣势"，弱化母国和东道国非正式制度距离对创新绩效的负面影响程度。国际化广度对于 OFDI 民营企业正式和非正式制度距离与创新绩效的关系没有表现出调节作用。

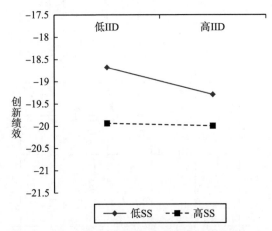

图 4.5　国际化广度经验对于非正式制度距离与 OFDI

国有企业创新绩效关系的调节作用

模型 3 检验了国际化深度对于制度距离和不同所有制的 OFDI 企业创新绩效关系的调节作用。国际化深度聚焦于知识的沉淀和利用，伴随同一东道国投资密度的增加，企业能够获得产品的设计、技术、质量、成本控制、国外消费者需求和竞争性产品的信息和反馈，而这种东道国的嵌入性也能够帮助民营跨国企业更好地发现、理解和整合外部知识进入自己的产品和组织惯例，使企业更快速地获取合法性，促进相关实体间的知识溢出和能力转移，民营企业的国际化深度能够显著增强正式距离对于创新绩效的正向影响（FID×SD：beta = 0.019，P < 0.001，如图 4.6 所示）。而国际化深度对于正式制度距离与国有企业创新绩效的关系、非正式制度距离与两类企业创新绩效的关系均无调节作用。

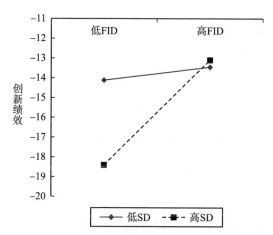

图 4.6　国际化深度经验对于正式制度距离与 OFDI

非国有企业创新绩效关系的调节作用

模型 4 检验了高管的海外背景对于制度距离和不同所有制的 OFDI 企业创新绩效关系的调节作用。需要说明的是，此节中的高管海外背景采用的是高管的海外教育经历作为代理变量，若上市公司中有 1 名及以上高管拥有至少 1 年海外学习经历时设为 1，否则为 0。数据来自国泰安数据库中的"中国上市公司董监高个人特征文件"。相对于没有海外教育背景高管的国有企业，拥有海外教育背景高管的企业能够显著弱化海外投资中非正式制度距离对于创新绩效的负向影响（IID × MOB：beta = 0.439，P = 0.014，如图 4.7 所示）。经过检验分析，民营企业高管的海外背景（包括海外工作经历、海外教育经历）对于海外投资的正式制度距离和非正式制度距离与创新绩效的关系并无调节作用。

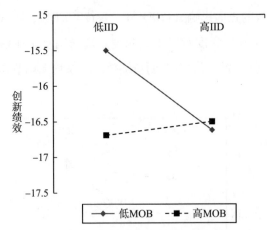

图 4.7　高管海外背景对于非正式制度距离与 OFDI 国有企业创新绩效关系的调节作用

4.6　假设检验结果

第 3 章与第 4 章的假设检验结果汇总见表 4.7。

表 4.7　　　　　　　　　假设检验结果汇总

假设	假设内容	检验结果
1a	中国企业进行逆向 OFDI 时，倾向于选择与母国正式制度距离较远的东道国	成立

假设	假设内容	检验结果
1b	中国企业进行顺向 OFDI 时，倾向于选择与母国正式制度距离较远的东道国	成立
1c	中国企业进行水平 OFDI 时，倾向于选择与母国正式制度距离接近的东道国	不成立
2a	中国企业倾向于选择非正式制度距离与母国较为接近的东道国进行投资	部分成立
2b	非正式制度距离对于中国企业 OFDI 区位选择的影响存在门槛效应	成立
3a	正式制度距离对跨国公司 OFDI 创新绩效主要表现为正向促进作用	成立
3b	非正式制度距离对跨国公司 OFDI 创新绩效主要表现为负向抑制作用	成立
4a	企业的国际化经验正向调节正式制度距离对 OFDI 企业创新绩效的关系	部分成立
4b	企业的国际化经验负向调节非正式制度距离对 OFDI 企业创新绩效的关系	部分成立
5a	高管的海外背景正向调节正式制度距离对 OFDI 企业创新绩效的关系	不成立
5b	高管的海外背景负向调节非正式制度距离对 OFDI 企业创新绩效的关系	成立

第 5 章

结论、启示与展望

5.1 研究结论

制度距离是影响中国企业 OFDI 区位选择和创新绩效的重要因素。本书从宏观和微观两个层次分别估计正式与非正式制度距离对于 OFDI 企业区位选择和创新绩效的影响并检验国际化经验的调节作用,基本结论如下。

第一,总体上,正式制度距离在中国企业 OFDI 区位选择中总体起到了一定的促进作用,即中国的跨国企业由于制度套利的动机倾向于选择正式制度距离较远的国家进行直接投资,而非正式制度距离在总体样本中并没有表现出明显的作用。同时,不同经济发展水平的国家具有显著的差异。正式制度距离在顺向投资至与中国收入水平相近的国家(中等收入国家)的作用效果不显著,在逆向和顺向投资至与中国收入差异较大的国家(高收入和低收入国家)的促进作用效果显著。非正式制度距离在顺向投资中没有表现出显著作用,在逆向和水平投资中表现出明显的抑制作用,即中国企业对这两类国家进行投资时,倾向于选择非正式制度距离较为接近的国家。

第二，区位选择分维度的研究结论。基于时间维度，在 2013 年以前，正式制度距离表现出与总体样本一致的促进作用，但是自"一带一路"倡议提出之后，正式制度距离反而表现出相反的抑制作用。非正式制度距离自金融危机以后体现出越来越显著的投资抑制作用。对于制度距离的细分维度，正式制度距离之中的表达权与问责权距离、政治稳定与无暴力程度距离这两个维度没有表现出显著作用，政府效能距离、腐败控制距离、监管质量距离和法治水平距离这 4 个维度制度距离的影响作用显著，但是作用方向并不一致。非正式制度距离维度中的个人与集体主义距离在总体样本和分组样本中均没有表现出显著作用，这一点与现有的多数研究结论并不相同，原因或许是：与东亚文化有所区别，很多西方企业的组织成员虽然个人价值观的自我意识很强，但同时在工作中团队协作的效率和效能也十分突出，所以该维度的国家文化背景差异放置于企业经营的研究情境中会被弱化。不确定性规避距离、长短期导向距离在总体样本中表现出显著的抑制作用，权力距离、放纵与约束距离以及男女性气质这 3 个维度非正式制度距离的影响总体样本表现不显著，但在分组样本中表现出明显的差异。尤其值得关注的是，水平投资中的几个分维度非正式制度距离表现出正向影响，这在一定程度上也反映出在这几个制度维度中，较小的非正式制度距离可以带来投资促进效应。

第三，非正式制度距离对 OFDI 区位选择的影响存在单一门槛效应。当非正式制度距离小于门槛值时，没有表现出明显的作用；而当其大于门槛值时，非正式制度距离会表现出显著的抑制作用。依据投资方向的分组研究表明，逆向投资的非正式制度距离以门槛值为界限表现出部分"先扬后抑"的倒 U 形特征，外来者收益的正向影响在距离较小时在战略资源寻求型的投资中微弱显现；而在顺向投资和水平投资时，非正式制度距离体现出持续的且程度深化的抑制作用，顺向投资的非正式制度距离在越过门槛值以后对 OFDI 的抑制程度显著加深，而水平投资影响强度的变化相对平缓。

第四，总体上，正式制度距离对 OFDI 企业的创新绩效具有显著的促进效应，而非正式制度距离对 OFDI 企业的创新绩效有显著的抑制作用。中国跨国企业具备了在不完善的正式制度条件下经营的制度经验和关系能力，而这些非市场能力正是中国跨国企业实现对外直接投资创新过程中可以依托的重要能力。对于逆向的对外直接投资，跨国企业选择正式制度环境更完善的东道国进行投资，逃离和规避母国制度环境的缺陷，利用特定投资目标国的制度优势进行制度套利，从而增加逆向技术溢出，提高 OFDI 创新绩效。非正式制度距离的扩张会形成母公司与东道国市场在信息交流、经验与知识转移中的障碍，容易导致企业产生外来者劣势，提高了跨国企业在东道国的经营难度，也增加了企业对外直接投资的风险和投资成本，从而抑制了母公司的创新绩效。

第五，国际化经验在企业组织和个人高管层次对于制度距离作用于 OFDI 企业创新绩效的关系起到了部分调节作用。首先，企业的国际化深度经验能够使跨国企业在特定市场深度嵌入，聚焦于特定市场的知识的沉淀和利用，对特定国家的知识搜寻更为有效和可预测，也易于获得东道国市场相关利益群体的需求和竞争性产品的信息反馈，减少外来者劣势的负面影响，较快速地获取在东道国的合法性，促进跨国母公司与海外子公司之间知识的转移和管理，进而提高创新绩效。而国际化广度更强调知识和资源的多元化，当制度距离增加时，一方面企业可以通过接近多样化的知识和打造多样化的团队获取互补性知识，削弱外来者劣势的负面影响；但另一方面企业国际化广度维度的扩张有时会使各研发网络节点以及不同国际背景的组织成员之间的协调过程变长、协调成本增加，放大制度距离对交易成本的负面影响，从而不利于企业创新，因此在对制度距离作用于创新绩效的关系中调节作用不甚明确，而且中国 OFDI 企业很多仍处于国际化的初级阶段，海外分支机构分布比较集中，并不能完全体现国际化广度的作用。其次，具有海外背景的高管因为海外学习和工作的经历，通晓东道国的交流语言，掌握其市场信息、文化价值观以及商业规则，并且了解东道国当地的产品偏好和市场结构，同时他们由于具有广泛的海外关系网络以及海外社会资源优势，因此能够克服非正式制度距离带来的外来者劣势。但是对于正式制度距离作用于创新绩效的关系，高管的海外背景并没有表现出调节作用，这也说明，高管的海外工作教育经历使其对于隐性知识和隐性文化比本土高管更为敏锐。

第六，国有企业在海外投资的过程中具有独特的金融和政策资源以及特殊的政治关联优势，所以正式制度距离对于企业创新绩效的影响并不明显。民营企业 OFDI 相对于国有企业具有更强烈的制度套利目的，尤其是面对国内的制度缺失和资源配置的不平衡，向发达经济体"制度逃逸"的动机愈发明显。对国有企业来说，海外投资过程中技术的探索利用以及海外投资的逆向技术溢出过程会面临东道国的非正式制度的约束。而对于民营企业，适度的文化环境、价值观念与风俗习惯差异能够积极营造推动跨国企业海外创新的多元化和富有活力的软环境，从而使非正式制度距离对创新绩效反而具有提升的作用。实力雄厚的国有企业海外投资能够延伸至全球不同区域，跨文化管理的经验也更为丰富，在东道国能够更高效地克服"外来者劣势"，弱化母国和东道国非正式制度距离对创新绩效的负面影响。而同一东道国投资密度的增加能够帮助民营跨国企业更好地发现、理解和整合外部知识进入自己的产品和组织惯例，使企业更快速地获取合法性，促进相关实体间的知识溢出和能力转移，能够显著增强正式距离对于创新绩效的正向影响。拥有海外教育背景的高管能够显著弱化国有企业海外投资中非正式制度距离对于创新绩效的负向影响，但民营企业的高管海外背景，无论是教育经历还是工作经历并不具有显著的调节作用。可能的原因是，一方面，部分民营企业为家族企业，海外背景的高管与根植于本土文化的组织体系可能会有一定程度的冲突，产生"水土不服"；而另一方面，部分民营企业，诸如创业板块科技公司的高管团队，本身就主要以海归人员为主，所以并不能体现出海外背景的差异性。

5.2　研究贡献与启示

本书的结论对于新兴市场经济体企业 OFDI 的区位选择和创新活动的开展以及推动中国企业加快"走出去"步伐提供理论支持和实证依据。

5.2.1　理论贡献

首先，制度研究维度的拓展。既有研究文献对于制度因素的指标选取通常只选择单一维度或者综合维度，很少有基于制度理论内部和理论之间的整合（Kostova et al.，2020）。国际商务领域的投资区位研究尽管历时已久，成果也颇为丰富，但是中国企业 OFDI 对于不同东道国的投资动机是有区别的，基于企业 OFDI 不同投资方向的主要投资动机探讨制度距离的作用机制有利于对新兴市场经济体制度影响的复杂性进行结构性解析，同时也是将根植于组织合法性的组织制度理论和聚焦于成本与效率考量的制度经济学进行交织与复合。此外，对于正式制度距离和非正式制度距离的细分距离维度影响、非线性的特征，基于 OFDI 方向进行分组检验，细致分析对于不同类别东道国投资的敏感性制度距离因素。本书对此进行区分并进行比较，诠释了不同投资方向的制度距离的作用机制，并从时间维度上解释制度距离影响的动态性。

其次，研究视角的丰富。第一，以往企业层面的制度研究很多是将制度因素定义为外部情境，在研究模型中多数是作为主效应的调节因素出现，将制度距离作为解释变量的研究为数不多。而本书将制度距离与

OFDI 企业创新绩效相结合，认为国家间的制度距离对于跨国企业海外投资实践具有直接影响，将其作为核心解释变量进行研究。第二，目前关于国际化广度和深度对企业创新绩效影响的文献并不少见，但研究结论比较分散。本书并没有检验其直接作用路径，而是将其纳入企业国际化经验的概念框架，并联合个人层次的高管团队成员的国际化经验，研究国际化经验是否对于制度距离作用于 OFDI 企业创新绩效的关系具有调节作用，从 OFDI 企业创新绩效研究的前因解释变量变为制度因素影响的机制变量。这样不仅丰富了 OFDI 和制度领域的相关研究，同时也为国际商务与企业创新管理领域提供了新的解释机制，有助于深化对于新兴市场经济体跨国企业 OFDI 制度因素的认识与理解。

5.2.2 实践启示与政策建议

第一，新兴市场国家应在充分尊重各国存在正式制度差异的基础之上，增强本国自身的制度建设。本书的研究结论表明，基于制度套利理论，中国与东道国之间适度的正式制度距离能够提高我国跨国企业的对外直接投资水平以及企业的创新绩效。因而在企业海外投资过程中，既要尊重政治体制、法律法规等正式制度的差异性与多元性，加强双边政策沟通，提升政治互信力，也要强化跨国公司母国和所在区域的制度建设，强化腐败控制，建立健全监管体系，完善司法治理，提升政府的公共服务质量，营造良好的营商环境。同时跨国企业应当积极获取在东道国当地的合法性，避免过大的制度距离带来的不确定性与风险，实现正式制度与国际接轨。此外，政府也应切实为企业创新活动的开展创造更好的制度环境条件以实现创新成果的本土化。

第二，加强与东道国之间的文化交流互动，减少文化隔阂的负面影响。以中国为例，鉴于非正式制度距离的隐性和较为固化的特性，政府和企业要在充分尊重各国及各民族的文化多样性与差异性的基础之上，积极推进我国"一带一路"倡议以及《区域全面经济伙伴关系协定》

（RCEP）等重大区域多边合作战略的建设进程，促进中国与其他国家政府、企业和社会团体组织之间的文化交流与互动，促进民心相通、文化相融，尤其要关注对于双边投资产生显著阻碍作用的特定维度的非正式制度距离，减少文化阻隔。同时也要增强中国文化软实力及国际影响力，鼓励与东道国的人员与文化交流，深入了解其国民的消费行为习惯及价值观念，创造条件帮助企业减少"外来者劣势"的负面影响。

第三，通过企业的国际化经验降低制度距离带来的负面影响，提高企业跨国经营的创新绩效。中国实施"走出去"战略的时间并不长，企业积累的国际化经验也并不丰富，很多企业的海外经营还只是在单一或少数东道国进行初步尝试。一方面，这些跨国企业可以通过与东道国的本土企业进行合作获得更为丰富的国际化经验，并且通过深度嵌入加速其国际化的进程；另一方面，跨国企业也应当积极提升自身的学习能力，深入分析海外经营过程中遇到的各种问题，增强感知以及应对东道国制度风险的能力，并且适应性地调整现有的国际化路线，拓宽海外经营的业务范围。

第四，支持和鼓励具有海外工作或学习经历的企业高管有效地利用全球研发资源进行开放式创新，获取先进技术，减弱制度障碍，尤其是文化、价值观等隐性的非制度障碍影响，促进新兴市场经济体对先进知识溢出的吸收。新兴市场经济体的跨国公司应当优化高管团队的结构设计，并且适时适度地选拔并任命高层次的具有海外背景的高层管理人员，引进有国际化经验的各类人才（刘晓丹和张兵，2019）。同时企业应有针对性地选派部分企业高管到海外投资国学习或工作，积累相应的境外投资经验，对外发挥其"桥接式"作用，推动境外分支机构积极融入东道国的社会文化环境，降低企业的创新风险，对内发挥"内黏式"作用，促进企业内部制度的完善以及与国际接轨，更有效地获取和吸收知识资源，推动企业创新。

第五，发挥国有企业在对外直接投资中的既有优势和企业能力，如融资优势、投资项目特定优惠以及母国的网络支持等，特别是对于部分实力突出、公司治理能力优越的国有企业，应鼓励其扩大海外投资规模（衣长军等，2019），并充分利用企业海外投资的国际化广度经验以及提升高管团队成员的海外教育背景，减少非正式制度距离的负面影响。此外，由于非国有企业比国有企业具有更强烈的"制度逃逸"动机，政府也应对这部分企业的 OFDI 给予积极的支持，加大政策扶植力度，在本土及东道国帮助其获取信息、资金等各种资源，缓解民营企业在国内投资空间有限及跨国投资经营能力不足的矛盾，并且指导部分民营企业在东道国提升经营和生存能力，对不同文化背景下的创新资源兼收并蓄，通过深度嵌入提升投资效率和创新能力。

第六，本书的研究结论表明，中国企业在海外投资时无论在投资区位决策阶段还是对于创新绩效的影响，制度距离中基于外来者劣势造成的负面影响都不容忽视。企业和高管团队成员国际化经验的积累都有助于减少外来者劣势或者获取外来者优势，在具体的实施手段上，除了通过模仿来提高自身的合法性（Zaheer，1995）、引入母公司的特有优势和能力，或者通过组织学习来降低不熟悉成本之外，新兴经济体企业在海外投资时，也可以考虑从以下几方面降低企业的适应性成本：首先，积极向东道国本土的利益相关者披露企业社会责任是新兴市场经济体的跨国公司弱化其来源国劣势的主要策略。披露社会责任可以向东道国利益相关者证明企业对产品质量和安全、环境保护、行为以及反腐败等相关方面的承诺；同时，释放中国跨国企业符合东道国合法性规范的信号，弱化信息嵌入缺失导致的关系危害和歧视性危害等负面影响。其次，新兴市场经济体的跨国公司可以通过制度创业（institutional entrepreneurship）在东道国获取合法性。组织制度理论注重遵循现有的制度规范，而制度创业更注重改变现有的制度规范安排，并据此创设新的制度规则。按照技术逻辑，组织要从事技术创新，提高职能效率，有时更需要采取多样化和个性化的解决方案，因此，以技术寻求或者创新战略为导向的新兴经济体企业可以通过制度创业在发达国家获取合法性。此外，与东道国领先的、声誉更高的跨国企业形成战略联盟，一方面实现先进知识、管理经验、资金的积累，另一方面，公司采取树立信誉、与本地管理者共享控制权力、雇用本地员工等战略也有助于新兴市场经济体的跨国公司克服外来者劣势（Amankwah – Amoah & Debrah，2017）。

5.3　研究局限与展望

第一，关于制度指标的测量。本书采用的是目前比较普遍使用的指标进行制度测量，但是这些指标仍然存在改进的空间。例如，文化并不是非正式制度的唯一内容，而且非正式制度可以作为新兴市场经济体薄弱的正式制度的补充或者替代。对非正式制度的理解可以作为一种无形的、专门的资产，赋予企业竞争优势，减少不确定性和获得合法性，帮助协调社会经济中的交易和互动（Kostova et al.，2020）。但是采用霍夫斯泰德（Hofstede）的国家文化框架，似乎没有市场协调机制的关联概念，未来进行非正式制度距离的研究，应该进行更细致的指标体系设计和采用多样化的数据获取渠道以契合研究目的，比如采用特定的数据来源，而不是使用一般性的国家一级的指标，或者可以开发一种定制的调查手段和工具来衡量特定领域的制度环境。此外，也可以尝试采用马氏法计算制度距离（Berry et al.，2010）。

第二，关于研究样本和研究方法。首先，以中国作为单一母国进行研究，制度距离对 OFDI 的区位选择和创新绩效的影响的研究结论可能会存在一定程度的偏差，未来可以通过多个新兴市场经济体母国的样本研究，验证制度距离的影响作用，以增强研究结论的普适性。其次，本书采用中国上市公司作为企业研究对象，没有充分考虑非上市企业 OF-DI 的制度距离影响，这可能会影响本书结论的完整性。基于这部分数据获取较为困难，未来的研究也可以考虑通过现场访谈与问卷调查的方法，获取第一手数据资料，采用跨案例的探索性研究等方法加以完善。最后，新兴市场国家正在经历规范、价值观和监管环境的转变，尤其是中国各地区之间以地方市场化指数和区域企业家精神等维度表征的正式与非正式制度之间存在较大差异，未来的研究可以基于制度层次的整合进一步深化和拓展，并适当考虑行业的异质性。

第三，关于国际化经验的维度。首先，对于企业国际化经验，本书只是选取了国际化深度和国际化广度两个相对静态的维度，没有解释调节作用所发生的阶段，也没有基于投资类型进行细致划分和比较。其次，本书采取高管团队成员的海外教育和工作经历的虚拟变量来近似表示个人层面的海外经验，没有严格区分海外教育背景和海外工作经历不同的作用机制以及二者之间的内在关联；尚未细致区分高管海外背景的获取国家，因为不同国家的经济发展水平、制度环境和文化差异等均会作用于海归高管的管理方式和思维模式及决策制定；亦没有区分"输出型"部门和"研发型"部门高管海外背景的作用强度。未来可以结合人口统计学特征等其他背景来测量高管的国际化经验，并进行比较研究。

第四，关于研究的内在联系。首先，本书的两个子研究分别为制度距离对于 OFDI 的区位选择和创新绩效进行研究，但是最终研究结论缺乏对两个子研究内在联系机制的分析和深入诠释。例如，区位选择是否是企业创新绩效影响的前因性解释，或者区位选择是否对制度距离作用于创新绩效影响具有中介作用？对于企业 OFDI 区位选择的微观证据的积累将是解决这一问题的关键。其次，分析正式和非正式制度之间的相互关系以及二者如何影响企业战略，这是国际战略领域近年来制度研究的发展方向之一（Fuentelsaz et al.，2020）。本书虽然针对正式制度距离和非正式制度距离作用于 OFDI 的方向和机制进行了比较和区分，但是没有探索两种制度之间的互动影响。例如，分析正式制度对非正式制度距离对区位选择影响的调节作用，或者非正式制度距离对 OFDI 企业创新绩效的作用强度如何随着正式制度距离而变化。对于制度距离的细致刻画和跨层次整合也有利于本研究方向的进一步探索。此外，本书认为，制度距离作用于 OFDI 企业的区位选择或者是创新绩效受到多重因素的叠加影响，但是在具体逻辑上需要更为细致的表达，厘清内在机理，未来的研究可以考虑选择特定行业或特定的投资类型进行精准刻画，而且对于跨国企业的母公司和子公司的影响也需要进一步区分。

参 考 文 献

[1] 蔡灵莎，杜晓君，史艳华，齐朝顺．外来者劣势、组织学习与对外直接投资绩效研究 [J]．管理科学，2015，28（4）：36-45．

[2] 蔡灵莎．组织学习双元性对对外直接投资绩效影响的实证研究 [D]．沈阳：东北大学，2017．

[3] 曹瑄玮，郎淳刚．战略选择、管理认知及路径依赖的形成与演化：行动与认知的观点 [J]．管理学家（学术版），2008，1（2）：163-173，202．

[4] 陈怀超，范建红，牛冲槐．制度距离对中国跨国公司知识转移效果的影响研究——国际经验和社会资本的调节效应 [J]．科学学研究，2014，32（4）：593-603．

[5] 陈晓萍，沈伟．组织与管理研究的实证方法 [M]．北京：北京大学出版社，2018．

[6] 陈岩，李毅．外来者劣势如何影响跨国企业绩效？[J]．经济与管理研究，2016，37（1）：112-118．

[7] 陈衍泰，范彦成，李欠强．"一带一路"国家国际产能合作中东道国选址研究——基于国家距离的视角 [J]．浙江工业大学学报（社会科学版），2016，15（3）：241-249．

[8] 陈钰芬，陈劲．开放式创新促进创新绩效的机理研究 [J]．科

研管理, 2009, 30 (4): 1 –9, 28.

[9] 程聪, 谢洪明, 池仁勇. 中国企业海外并购的组织合法性聚焦: 内部、外部, 还是内部 + 外部? [J]. 管理世界, 2017 (4): 158 – 173.

[10] 代海岩, 吴晓云. 制度距离、文化距离与 KIBS 创新战略及绩效 [J]. 华东经济管理, 2017, 31 (1): 108 –114.

[11] 代昀昊, 孔东民. 高管海外经历是否能提升企业投资效率 [J]. 世界经济, 2017, 40 (1): 168 –192.

[12] 董直让, 余官胜, 吴琦琦. 高管海外背景能否提升海外子公司经营绩效? ——基于上市公司样本的实证研究 [J]. 武汉金融, 2021 (8): 62 –70.

[13] 杜江, 宋跃刚. 制度距离、要素禀赋与我国 OFDI 区位选择偏好——基于动态面板数据模型的实证研究 [J]. 世界经济研究, 2014 (12): 47 –52.

[14] 黄胜, 叶广宇, 申素琴. 新兴经济体企业国际化研究述评——制度理论的视角 [J]. 科学学与科学技术管理, 2015, 36 (4): 36 –49.

[15] 霍林, 蔡楚岸, 支宇鹏. 高管职能背景与中国企业 OFDI [J]. 区域金融研究, 2022 (3): 5 –15.

[16] 吉生保, 李书慧, 马淑娟. 中国对 "一带一路" 国家 OFDI 的多维距离影响研究 [J]. 世界经济研究, 2018 (1): 98 –111.

[17] 冀相豹. 中国对外直接投资影响因素分析: 基于制度的视角 [J]. 国际贸易问题, 2014 (9): 98 –108.

[18] 蒋冠宏, 蒋殿春. 中国对发展中国家的投资——东道国制度重要吗? [J]. 管理世界, 2012 (11): 45 –56.

[19] 蒋冠宏. 制度差异、文化距离与中国企业对外直接投资风险 [J]. 世界经济研究, 2015 (8): 37 –47.

[20] 金中坤, 潘镇. 国际化经验、东道国环境与企业海外投资区

位选择［J］. 技术经济, 2020, 39（6）: 155 – 164.

［21］金中坤. 中国企业海外投资区位选择——传统理论的实践者还是挑战者?［J］. 投资研究, 2019（3）: 79 – 93.

［22］李超平, 徐世勇. 管理与组织研究常用的 60 个理论［M］. 北京: 北京大学出版社, 2019.

［23］李竞, 李文, 吴晓波. 跨国公司高管团队国际经验多样性与海外建立模式研究——管理自主权的调节效应［J］. 经济理论与经济管理, 2017（3）: 72 – 84.

［24］李俊久, 丘俭裕, 何彬. 文化距离、制度距离与对外直接投资——基于中国对“一带一路”沿线国家 OFDI 的实证研究［J］. 武汉大学学报（哲学社会科学版）, 2020, 73（1）: 120 – 134.

［25］李兰. OFDI 的技术进步效应［D］. 杭州: 浙江大学, 2018.

［26］李琳, 郭立宏. 制度距离与跨国合作创新绩效——文化严格程度的调节作用［J］. 科技进步与对策, 2021（1）: 1 – 10.

［27］李梅, 余天骄. 研发国际化是否促进了企业创新——基于中国信息技术企业的经验研究［J］. 管理世界, 2016（11）: 125 – 140.

［28］李珮璘. 新兴市场经济体对外直接投资研究——理论分析与中国实证［D］. 上海: 上海社会科学院, 2010.

［29］李彤. 政治风险、国际化经验与对外直接投资进入模式［D］. 南京: 南京师范大学, 2015.

［30］李新春, 肖宵. 制度逃离还是创新驱动?——制度约束与民营企业的对外直接投资［J］. 管理世界, 2017（10）: 99 – 118.

［31］李雪灵, 万妮娜. 跨国企业的合法性门槛: 制度距离的视角［J］. 管理世界, 2016（5）: 184 – 185.

［32］李妍, 娄萍萍, 范培华, 等. 制度环境对中国企业海外市场建立模式的影响研究［J］. 跨文化管理, 2017（2）: 98 – 111.

［33］刘凤朝, 默佳鑫, 马荣康. 高管团队海外背景对企业创新绩

效的影响研究 [J]. 管理评论, 2017, 29 (7): 135 - 147.

[34] 刘青, 陶攀, 洪俊杰. 中国海外并购的动因研究——基于广延边际与集约边际的视角 [J]. 经济研究, 2017 (1): 28 - 43.

[35] 刘晓丹, 张兵. 文化距离与跨国公司创新: 高管海外背景重要吗? [J]. 国际商务研究, 2019, 40 (5): 44 - 54.

[36] 刘晓光, 杨连星. 双边政治关系、东道国制度环境与对外直接投资 [J]. 金融研究, 2016 (12): 17 - 31.

[37] 罗思平, 于永达. 技术转移、"海归"与企业技术创新——基于中国光伏产业的实证研究 [J]. 管理世界, 2012 (11): 132 - 140.

[38] 马相东. 对外直接投资的双重技术效应与高质量共建"一带一路" [J]. 北京师范大学学报 (社会科学版), 2022 (4): 133 - 141.

[39] 毛其淋, 许家云. 中国企业对外直接投资是否促进了企业创新 [J]. 世界经济, 2014, 37 (8): 98 - 125.

[40] 牛欢. 企业国际化程度对创新绩效的影响研究 [D]. 广州: 华南理工大学, 2020.

[41] 潘维维. 文化距离与跨国并购企业的创新能力 [D]. 蚌埠: 安徽财经大学, 2021.

[42] 彭松林, 周超. 企业国际化能够提升企业创新能力吗? ——基于中国上市公司面板数据检验 [J]. 科技管理研究, 2017 (14): 6 - 13.

[43] 亓朋, 艾洪山, 徐昱东, 邓丽娜. 中国各地区生态福利绩效评价及贸易开放影响效应研究 [M]. 北京: 经济管理出版社, 2020.

[44] 綦建红, 李丽, 杨丽. 中国 OFDI 的区位选择: 基于文化距离的门槛效应与检验 [J]. 国际贸易问题, 2012 (12): 137 - 147.

[45] 任兵, 郑莹. 外来者劣势研究前沿探析与未来展望 [J]. 外国经济与管理, 2012, 34 (2): 27 - 34.

[46] 任洪源, 刘刚, 罗永泰. 知识资源、研发投入与企业跨境创

新绩效关系研究——基于面板门限回归的实证分析 [J]. 管理评论, 2017, 29 (1): 105 - 112.

[47] 邵宇佳, 刘文革, 陈红. 中国 OFDI 区位分布的 "制度异象" ——基于 OFDI 逆向技术溢出的视角 [J]. 商业研究, 2019 (11): 100 - 106.

[48] 史瑞祯, 桑百川. 中国对 "一带一路" 沿线国家 OFDI 的区位选择: 要素环境竞争力视角 [J]. 国际经贸探索, 2022, 38 (8): 85 - 100.

[49] 宋建波, 文雯, 王德宏. 海归高管能促进企业风险承担吗——来自中国 A 股上市公司的经验证据 [J]. 财贸经济, 2017, 38 (12): 111 - 126.

[50] 宋铁波, 钟熙, 陈伟宏. 期望差距与企业国际化速度: 来自中国制造业的证据 [J]. 中国工业经济, 2017 (6): 175 - 192.

[51] 宋渊洋. 制度距离、制度相对发展水平与服务企业国内跨地区经营战略——来自中国证券业的经验证据 [J]. 南开管理评论, 2015, 18 (3): 60 - 70.

[52] 孙乾坤. 中国对 "一带一路" 国家直接投资的区位选择研究 [D]. 北京: 对外经济贸易大学, 2017.

[53] 万志宏, 王晨. 中国对外直接投资与跨国公司国际化 [J]. 南开学报 (哲学社会科学版), 2020 (3): 67 - 77.

[54] 万紫璇. 文化距离、所有权性质与中国企业跨国并购的技术创新绩效 [D]. 北京: 北京林业大学, 2020.

[55] 王金波. 制度距离、文化差异与中国企业对外直接投资的区位选择 [J]. 亚太经济, 2018 (6): 83 - 90, 148.

[56] 王进猛, 徐玉华, 易志高. 文化距离损害了外资企业绩效吗 [J]. 财贸经济, 2020, 41 (2): 115 - 131.

[57] 王为公. 新兴市场企业国际化与母公司创新能力 [D]. 南

京：南京大学，2014.

[58] 王雪莉，马琳，王艳丽 . 高管团队职能背景对企业绩效的影响：以中国信息技术行业上市公司为例 [J]. 南开管理评论，2013，16 (4)：80 - 93.

[59] 王永钦，杜巨澜，王凯 . 中国对外直接投资区位选择的决定因素：制度、税负和资源禀赋 [J]. 经济研究，2014（12）：126 - 142.

[60] 王圆圆，周明 . 企业开放式创新中的利益相关者管理 [J]. 市场研究，2008（4）：49 - 52.

[61] 魏江，王诗翔 . 从"反应"到"前摄"：万向在美国的合法性战略演化（1994 - 2015）[J]. 管理世界，2017（8）：136 - 153.

[62] 吴先明，马子涵 . 制度嵌入如何影响跨境并购后的企业创新质量？[J]. 经济管理，2022，44（4）：98 - 115.

[63] 吴先明 . 跨国企业：自 Hymer 以来的研究轨迹 [J]. 外国经济与管理，2019，41（12）：135 - 160.

[64] 吴小节，马美婷，陈晓纯，汪秀琼 . 制度距离对海外并购绩效的影响机制——并购经验与政治关联的调节作用 [C]//制度型开放与"一带一路"高质量发展论文集（上），2019：75 - 98.

[65] 吴晓云，陈怀超 . 基于制度距离的跨国公司知识转移研究 [J]. 经济问题探索，2011（9）：17 - 23.

[66] 吴映玉，陈松 . 新兴市场企业的技术追赶战略：海外并购和高管海外经历的作用 [J]. 科学学研究，2017，35（9）：1378 - 1385.

[67] 吴哲，范彦成，陈衍泰，黄莹 . 新兴市场经济体对外直接投资的逆向技术溢出效应——中国对"一带一路"国家 OFDI 的实证 [J]. 中国管理科学，2015（23）：690 - 695.

[68] 肖宵，林珊珊，李青，庄美儿 . 知识距离和制度距离对新兴经济体企业创新追赶的影响研究——企业特征的双重调节作用 [J]. 管理评论，2021，33（10）：115 - 129.

［69］谢孟军.政治风险对中国对外直接投资区位选择影响研究
［J］.国际经贸探索,2015,31(9):66-80.

［70］谢宇翔.高管团队海外背景对企业研发国际化的影响研究
［D］.成都:电子科技大学,2020.

［71］徐雪玉.制度距离、组织学习与跨国公司 OFDI 创新绩效研
究［D］.泉州:华侨大学,2017.

［72］徐昱东.俄罗斯地区营商环境与中资进入的区位选择研究
［M］.北京:中国社会科学出版社,2019.

［73］许和连,张萌,吴钢.文化差异、地理距离与主要投资国在
我国的 FDI 空间分布格局［J］.经济地理,2012,32(8):31-35.

［74］许家云,李淑云,李平.制度质量、制度距离与中国智力回
流动机［J］.科学学研究,2013(3):351-385.

［75］阎大颖,洪俊杰,任兵.中国企业对外直接投资的决定因素:
基于制度视角的经验分析［J］.南开管理评论,2009,12(6):135-
142,149.

［76］阎大颖.制度距离、国际经验与中国企业海外并购的成败问
题研究［J］.南开经济研究,2011(5):75-97.

［77］杨勃,杜晓君,蔡灵莎.组织身份落差对跨国并购合法性的
影响机制——基于上汽和 TCL 的探索性案例研究［J］.经济管理,2016
(9):76-88.

［78］杨勃.新兴市场经济体跨国企业国际化双重劣势研究［J］.
经济管理,2019(1):56-70.

［79］杨宏恩,孟庆强,王晶,李浩.双边投资协定对中国对外直
接投资的影响:基于投资协定异质性的视角［J］.管理世界,2016
(4):24-36.

［80］杨勇,梁辰,胡渊.文化距离对中国对外直接投资企业经营
绩效影响研究——基于制造业上市公司微观数据的实证分析［J］.国际

贸易问题, 2018, 426 (6): 27 - 40.

[81] 衣长军, 刘晓丹, 王玉敏, 黄健. 制度距离与中国企业海外子公司生存——所有制与国际化经验的调节视角 [J]. 国际贸易问题, 2019 (9): 115 - 132.

[82] 衣长军, 徐雪玉, 刘晓丹, 王玉敏. 制度距离对 OFDI 企业创新绩效影响研究: 基于组织学习的调节效应 [J]. 世界经济研究, 2018 (5): 112 - 123.

[83] 殷华方, 鲁明泓. 文化距离和国际直接投资流向: S 型曲线假说 [J]. 南方经济, 2011 (1): 26 - 38.

[84] 余壮雄, 付利. 中国企业对外投资的区位选择: 制度障碍与先行贸易 [J]. 国际贸易问题, 2017 (11): 115 - 126.

[85] 郁岭. 制度距离、双边关系与中国对外承包工程区位选择 [J/OL]. 经营与管理, 2023 (5).

[86] 袁其刚, 郜晨, 闫世玲. 非洲政府治理水平与中国企业 OFDI 的区位选择 [J]. 世界经济研究, 2018 (10): 121 - 134, 137.

[87] 岳咬兴, 范涛. 制度环境与中国对亚洲直接投资区位分布 [J]. 财贸经济, 2014 (6): 69 - 78.

[88] 张红霞, 杨蕙馨. 跳板理论视角下跨国并购对双元创新的影响机制与未来展望 [J]. 经济与管理研究, 2020, 41 (9): 98 - 111.

[89] 张娆. 高管境外背景是否有助于企业对外直接投资 [J]. 宏观经济研究, 2015 (6): 107 - 116, 151.

[90] 张烨. 制度距离对海外并购企业技术创新绩效的影响研究 [D]. 哈尔滨: 东北林业大学, 2020.

[91] 赵伟, 古广东, 何元庆. 外向 FDI 与中国技术进步: 机理分析与尝试性实证 [J]. 管理世界, 2006 (7): 53 - 60.

[92] 郑莹, 阎大颖, 任兵. 制度壁垒、组织学习与中国企业对外投资区位选择 [J]. 对外经济贸易大学学报, 2015 (2): 47 - 56.

［93］钟熙，陈伟宏，林越颖. CEO 特征、国际化速度与企业绩效
［J］. 中国科技论坛，2018（9）：141 – 147.

［94］周晓璇. 文化距离、制度差异与中国对"一带一路"沿线国
家 OFDI 的研究［D］. 蚌埠：安徽财经大学，2020.

［95］Abdi M，Aulakh P S. Do country-level institutional frameworks
and interfirm governance arrangements substitute or complement in interna-
tional business relationships?［J］. Journal of International Business Studies，
2012，43（5）：477 – 497.

［96］Aleksynska M，Havrylchyk O. FDI from the south：the role of in-
stitutional distance and natural resources［J］. European Journal of Political
Economy，2013，29（3）：38 – 53.

［97］Alfred M. Principles of Economics［M］. London：Macmillan，
1890.

［98］Ali F，Fless N，Macdonald R. Do institutions matter for foreign
direct investment?［J］. Open Economies Review，2010，21（2）：201 –
219.

［99］Amankwah – Amoah J，Debrah Y A. Toward a construct of liabil-
ity of origin［J］. Industrial and Corporate Change，2017，26（2）：211 –
231.

［100］Anderson J E. A theoretical foundation for the gravity equation
［J］. The American Economic Review，1979，69（1）：106 – 116.

［101］Argote L，Mironspektor E. Organizational learning，from experi-
ence to knowledge［J］. Organization Science，2011，22（5）：1123 – 1137.

［102］Arora A，Fosfuri A，Gambardella A. Specialized technology
suppliers，international spillovers and investment：evidence from the chemi-
cal industry［J］. Journal of Development Economics，2001，65（1）：31 –
54.

[103] Autio E, Sapienza H J, Almeida J G. Effects of Age at Entry, Knowledge Intensity and Imitability on International Growth [J]. Academy of Management Journal, 2000, 43 (5): 909 – 924.

[104] Awate S, Larsen M M, Mudambi R. Accessing vs Sourcing knowledge: A comparative study of R&D internationalization between emerging and advanced economy firms [J]. Journal of International Business Studies, 2015, 46 (1): 63 – 86.

[105] Banalieva E R, Dhanara J C. Home-region orientation in international expansion strategies [J]. Journal of International Business Studies, 2013, 44 (2): 89 – 116.

[106] Berry H, Guillén M F, Zhou N. An institutional approach to cross-national distance [J]. Journal of International Business Studies, 2010, 41 (9): 1460 – 1480.

[107] Beugelsdijk S, Kostova T, Kunst V E, Spadafora E, van Essen M. Cultural distance and firm internationalization: A meta-analytical review and theoretical implications [J]. Journal of Management, 2018, 44 (1): 89 – 130.

[108] Beugelsdijk S, Mudambi R. MNEs as border-crossing multilocation enterprises: the role of discontinuities in geographic space [J]. Journal of International Business Studies, 2013, 44 (5): 413 – 426.

[109] Boisot M. Meyer M W. Which Way through the Open Door? Reflections on the Internationalization of Chinese Firms [J]. Management and Organization Review, 2008, 4 (3): 349 – 365.

[110] Branstetter L. Is Foreign Investment a Channel of Knowledge Spillovers? Evidence from Japan's FDI in the United States [R]. NBER Working Paper, 2006.

[111] Buchanan B, Le Q, Rishi M. Foreign direct investment and in-

stitutional quality: some empirical evidence [J]. International Review of Financial Analysis, 2012, 21 (8): 81 –89.

[112] Buckley P J, Casson M. A long-run theory of the multinational enterprise [M]//The Future of the Multinational Enterprise. London: Palgrave Macmillan, 1976: 32 –65.

[113] Buckley P J, Casson M. The optimal timing of foreign direct investment [J]. Economic Journal, 1981, 91 (361): 75 –87.

[114] Buckley P J, Clegg L J, Cross A R, Liu X, Voss H, Zheng P. The determinants of Chinese outward foreign direct investment [J]. Journal of international business studies, 2007, 38 (4): 499 –518.

[115] Cantwell J, Piscitello L. Accumulating technological competence: Its changing impact on corporate diversification and internationalization [J]. Industrial & Corporate Change, 2000, 35 (1): 21 –51.

[116] Cantwell J. Location and the multinational enterprise [J]. Journal of International Business Studies, 2009, 40 (1): 35 –41.

[117] Caves R E. International corporations: The industrial economics of foreign investment [J]. Economics, 1971, 38 (149): 1 –27.

[118] Chao M C – H, Kumar V. The impact of institutional distance on the international diversity-performance relationship [J]. Journal of World Business, 2010, 45 (1): 93 –103.

[119] Chen C J, Huang Y F, Lin B W. How firms innovate through R&D internationalization? An S – curve hypothesis [J]. Research Policy, 2012, 41 (9): 1544 –1554.

[120] Chesbrough H W. The era of open innovation [J]. MIT Sloan Management Review, 2003, 44 (3): 34 –41.

[121] Child J, Marinova S. The Role of Contextual Combinations in the Globalization of Chinese Firms [J]. Management and Organization Review,

2014, 10 (3): 347 – 371.

[122] Child J. Ng S H, Wong C. Psychic distance and internationalization: Evidence from Hong Kong firms [J]. International Studies of Management & Organization, 2002, 32 (1): 36 – 56.

[123] Cincera M, Ravet J. Globalisation, Industrial Diversification and Productivity Growth in Large European R&D Companies [J]. Journal of Productivity Analysis, 2014, 41 (2): 227 – 246.

[124] Coase R H. The nature of the firm [J]. Economica, 1937 (4).

[125] Coase R H. The problem of social cost [J]. Journal of Law and Economics, 1960 (3): 1 – 44.

[126] Coe D T, Helpman E. International R&D Spillovers [J]. European Economic Review, 1995, 39 (1995): 859 – 887.

[127] Cohen W M, Levinthal D A. Innovation and Learning: The Two Faces of R&D [J]. Economic Journal, 1989, 99 (397): 569 – 596.

[128] Cordell V V. Implications for small business export promotion of differences between immigrant and involuntary minorities [J]. International Trade Journal, 1997, 11 (3): 305 – 326.

[129] Cuervo – Cazurra A, Genc M. Obligating, pressuring, and supporting dimensions of the environment and the non-market advantages of developing-country multinational companies [J]. Journal of Management Studies, 2011, 48 (2): 441 – 455.

[130] Cuervo – Cazurra A, Luo Y D, Ramamurti R. The impact of the home country on internationalization [J]. Journal of World Business, 2018, 53 (5): 593 – 604.

[131] Cuervo – Cazurra A. Corruption in international business [J]. Journal of World Business, 2016, 51 (1): 35 – 49.

[132] Dellos A, Beamish P W. Survival and profitability: The roles of

experience and intangible assets in foreign subsidiary performance [J].
Academy of Management Journal, 2001, 44 (5): 1028 – 1038.

[133] Denk N, Kaufmann L, Roesch J F. Liabilities of foreignness re-
visited: A review of contemporary studies and recommendations for future re-
search [J]. Journal of International Management, 2012, 18 (4): 322 –
334.

[134] Dikova D, Sahib P R, van Witteloostuijn A. Cross-border ac-
quisition abandonment and completion: the effect of institutional differences
and organizational learning in the international business service industry,
1981 – 2001 [J]. Journal of International Business Studies, 2010, 41 (2):
223 – 245.

[135] Dimaggio P J, Powell W. The Iron Cage Revisited: Institutional
Isomorphism and Collective Rationality in Organizational Fields [J]. Ameri-
can Sociological Review, 1983, 48 (2): 147 – 160.

[136] Dunning J H. A note on intra-industry foreign direct investment
[J]. PSL Quarterly Review, 1981, 34 (139).

[137] Dunning J H. Lundan S M. Institutions and the OLI paradigm of
the multinational enterprise [J]. Asia Pacific Journal of Management, 2008,
25 (4): 573 – 593.

[138] Dunning J H. The Eclectic Paradigm of International Production:
A Restatement and Some Possible Extensions [J]. Journal of International
Business Studies, 1988, 19 (1): 1 – 31.

[139] Dunning J H. Trade, location of economic activity and the MNE:
A search for an eclectic approach [M]//The international allocation of eco-
nomic activity. London: Palgrave Macmillan, 1977.

[140] Eden L, Mille S R. Theories of the Multinational Enterprise:
Diversity, Complexity and Relevance [M]. Bingley: Emerald Group Pub-

lishing Limited, 2004.

[141] Feldman M S, Pentland B T. Reconceptualizing Organizational Routines as a Source of Flexibility and Change [J]. Administrative Science Quarterly, 2003, 48 (1): 94 –118.

[142] Fosfuri A, Motta M, Ronde T. Foreign Direct Investment and Spillovers through Workers' Mobility [J]. Journal of International Economics, 2001, 53 (1): 205 –222.

[143] Fuentelsaza L, Garridob E, Maicas J P. The effect of informal and formal institutions on foreign market entry selection and performance [J]. Journal of International Management, 2020, 26 (2): 1 –17.

[144] Giannetti M, Liao G, Yu X. The brain gain of corporate boards: Evidence from China [J]. The Journal of Finance, 2015, 70 (4): 1629 – 1682.

[145] Govindarajan V R. Reverse innovation, emerging markets, and global strategy [J]. Global Strategy Journal, 2011, 1 (3 –4): 191 –205.

[146] Grant R M. Toward a knowledge-based theory of the firm [J]. Strategic Management Journal, 1996, 17 (2): 109 – 122.

[147] Habib M, Zurawicki L. Corruption and foreign direct investment [J]. Journal of International Business Studies, 2002, 33 (2): 291 –307.

[148] Hambrick D C, Chen C. The influence of top management team heterogeneity on firms' competitive moves [J]. Administrative Science Quarterly, 1996, 41 (4): 659 –684.

[149] Hambrick D C, Mason P A. Upper Echelons: The Organization as a Reflection of its Top Managers [J]. Academy of Management Review, 1984, 9 (9): 193 –206.

[150] Herrmann P, Datta D K. Relationships between top management team characteristics and international diversification: An empirical investiga-

tion [J]. British Journal of Management, 2005, 16 (1): 69 –78.

[151] Higón D A. Antolín M M. Multinationality, foreignness and insti-
tutional distance in the relation between R&D and productivity [J]. Research
Policy, 2012, 41 (3): 592 –601.

[152] Hitt M A, Bierman L, Uhlenbruck K. The Importance of Re-
sources in the Internationalization of Professional Service Firms: The Good,
the Bad, and the Ugly [J]. Academy of Management Journal, 2006, 49
(6): 1137 –1157.

[153] Hofstede G J. Culture's causes: The next challenge [J]. Cross
Cultural Management: An International Journal, 2015 (4).

[154] Hofstede G. Culture's Consequences [M]. Beverly Hills, CA:
Sage, 1980.

[155] Hurtado –Torres N E, Aragón –Correa J A. Ortiz-de-Mandojana
N. How Does R&D Internationalization in Multinational Firms Affect Their In-
novative Performance? The Moderating Role of international Collaboration in
The Energy Industry [J]. International Business Review, 2018, 27 (3):
514 –527.

[156] Hymer S H. The International Operations of National Firms: A
Study of Foreign Direct Investment [M]. Cambrige: MIT Press, 1960.

[157] Inoue C, Lazzarini S, Musacchio A. A Leviathan as a Minority
Shareholder: Firm-level Implications of Equity Purchases by the State [J].
Academy of Management Journal, 2013, 56 (6): 1775 –1808.

[158] Ionasu D, Meyer K E, Estrin S. Institutional Distance and In-
ternational Business Strategies in Emerging Economies [R]. Work Paper,
2004.

[159] Jensen R. Szulanski G. Stickiness and the Adaptation of Organi-
zational Practices in Cross –Border Knowledge Transfer [J]. Journal of Inter-

national Business Studies, 2004, 35 (6): 508 – 523.

[160] Johanson J, Vahlne J E. The internationalization process of the firm—A model of knowledge development and increasing foreign market commitments [J]. Journal of International Business Studies, 1977, 8 (1): 23 – 32.

[161] Johanson J, Vahlne J E. The uppsala internationalization process model revisited: From liability of foreignness to liability of outsidership [J]. Journal of International Business Studies, 2009, 40 (9): 1411 – 1431.

[162] Johnson H G. The efficiency and welfare implication of the international corporation [M]//Kindleberger C R (Ed.). The International Corporation. Cambridge: MIT Press, 1970.

[163] Jude C, Levieduge G. Growth effect of foreign direct investment in developing economies: The role of institutional quality [J]. The World Economy, 2017, 40 (4): 715 – 742.

[164] Kalotay K, Sulstarova A. Modelling Russian Outward FDI [J]. Journal of International Management, 2010, 16 (2): 131 – 142.

[165] Kang Y, Jiang F. FDI Location Choice of Chinese Multinationals in East and Southeast Asia [J]. Journal of World Business, 2012, 47 (1): 45 – 53.

[166] Kang Y. Regulatory institutions, natural resource endowment and location choice of emerging-market FDI: A dynamic panel data analysis [J]. Journal of Multinational Financial Management, 2018, 45: 1 – 14.

[167] Kathuria V. The impact of FDI inflows on R&D investment by medium-and-high-tech firms in India in the post-reform period [J]. Transnational Corporations, 2008, 17 (2).

[168] Kayalvizhi P N, Thenmozhi M. Does quality of innovation, culture and governance drive FDI?: Evidence from emerging markets [J].

Emerging Markets Review, 2017, 34 (3): 175 – 191.

[169] Khanna T, Palepu K G. Emerging giants: Building world-class companies in emerging markets [J]. Harvard Business Review, 2006, 84 (10): 60 – 69.

[170] Klossek A, Link B M, Nippa M. Chinese enterprises in Germany: Establishment modes and strategies to mitigate the liability of foreignness [J]. Journal of World Business, 2012, 47 (1): 35 – 44.

[171] Knight G A. Cavusgil S T. Innovation, Organizational Capabilities and the Born – Global Firm [J]. Journal of International Business Studies, 2004, 35 (2): 124 – 141.

[172] Kogut B, Chang S J. Technological capabilities and Japanese foreign direct investment in the United States [J]. The Review of Economies and Statistics, 1991, 73 (3): 401 – 413.

[173] Kojima K. Direct foreign investment: A Japanese model of multinational business operations [M]. London: Croom Helm, 1978.

[174] Kostova T, Beugelsdijk S, Scott W R, Kunst V E, Chua C H, Essen M. The construct of institutional distance through the lens of different institutional perspectives: Review, analysis, and recommendations [J]. Journal of International Business Studies, 2020, 51: 467 – 497.

[175] Kostova T, Roth K. Adoption of an Organizational Practice by Subsidiaries of Multinational Corporations: Institutional and Relational Effects [J]. The Academy of Management Journal, 2002, 45 (1): 215 – 230.

[176] Kostova T, Zaheer S. Organizational legitimacy under conditions of complexity: The case of the multinational enterprise [J]. Academy of Management Review, 1999, 24 (1): 64 – 81.

[177] Kostova T. Success of the transnational transfer of organizational practices within multinational companies [D]. Minneapolis: University of

Minnesota, 1996.

[178] Kostova T. Transnational transfer of strategic organizational practices: A contextual perspective [J]. Academy of Management Review, 1999, 24 (2): 308 – 324.

[179] Li J, Strange R, Ning L. Outward foreign direct investment and domestic innovation performance: Evidence from China [J]. International Business Review, 2016, 25 (5): 1010 – 1019.

[180] Li J. Asymmetric interactions between foreign and domestic banks: Effects on market entry [J]. Strategic Management Journal, 2008, 29 (8): 873 – 893.

[181] Liu A, Lu C, Wang Z. The roles of cultural and institutional distance in international trade: Evidence from China's trade with the Belt and Road countries [J]. China Economic Review, 2020, 61 (10): 12 – 34.

[182] Liu X, Lu J I. Filatotchev. Returnee entrepreneurs, knowledge spillovers and innovation in high-tech firms in emerging economies [J]. Journal of International Business Studies, 2010, 41 (7): 1183 – 1197.

[183] Lu J W, Beamish P W. International diversification and firm performance: The S – curve hypothesis [J]. Academy of Management Journal, 2004, 47 (4): 598 – 609.

[184] Luo Y D, Tung R L. A general theory of springboard MNEs [J]. Journal of International Business Studies, 2018, 49 (2): 129 – 152.

[185] Luo Y D, Tung R L. International expansion of emerging market enterprises: A springboard perspective [J]. Journal of International Business Studies, 2007, 38 (4): 481 – 498.

[186] Malhotra S, Zhu P C, Locander W. Impact of host-country corruption on IJS and Chinese cross-border acquisitions [J]. Thunderbird International Business Review, 2010, 52 (6): 491 – 507.

[187] March J G. Exploration and exploitation in organizational learning [J]. Organization Science, 1991, 2 (1): 71 – 87.

[188] Mathews J A. Dragon multinationals: New players in 21st century globalization [J]. Asia Pacific Journal of Management, 2006, 23 (1): 5 – 27.

[189] Meyer J W, Rowan B. Institutionalized organizations: Formal structure as myth and ceremony [J]. American Journal of Sociology, 1977, 83 (2): 340 – 363.

[190] Mezias J M. How to identify liabilities of foreignness and assess their effects on multinational corporations [J]. Journal of International Management, 2002, 8 (3): 265 – 282.

[191] Michailova S, Hutchings K. National cultural influences on knowledge sharing: A comparison of China and Russia [J]. Journal of Management Studies, 2006, 43 (3): 383 – 405.

[192] Mitchell W, Shaver J M, Yeung B. Getting There in a Global Industry: Impacts on Performance of Changing International Presence [J]. Strategic Management Journal, 1992, 13 (6): 419 – 432.

[193] Mohamad N, Hoshino Y. Host country restrictions, choice of entry mode and Japanese subsidiaries performance in developing countries [J]. American Journal of Economics, 2013, 3 (1): 12 – 17.

[194] Morosini P, Singh S H. National cultural distance and cross-border acquisition performance [J]. Journal of International Business Studies, 1998, 29 (1): 137 – 158.

[195] Mudambi R, Swift T. Knowing When to Leap: Transitioning Between Exploitative and R&D [J]. Strategic Management Journal, 2013, 35 (1): 126 – 145.

[196] North D C. Institutions, Institutional Change and Economic Per-

formance [M]. New York: Cambridge University Press, 1990.

[197] Oliver C. Strategic Responses to Institutional Processes [J]. Academy of Management Review, 1991, 16 (1): 45 – 179.

[198] Papageorgiadis N, Mcdonald F, Wang C, Konara P. The characteristics of intellectual property rights regimes: How formal and informal institutions affect outward FDI location [J]. International Business Review, 2019, 29 (1).

[199] Peng M W, Sun S L, Pinkham B. The Institution-based View as a Third Leg for a Strategy Tripod [J]. The Academy of Management Perspectives, 2009, 23 (8): 63 – 81.

[200] Peng M, Wang Y L, Jiang Y. An institution-based view of international business strategy: A focus on emerging economies [J]. Journal of International Business Studies, 2008, 39 (5): 920 – 936.

[201] Perlmutter H V. The Tortuous Evolution of the Multinational Corporation [J]. Journal of World Business, 1969 (4): 9 – 18.

[202] Piscitello L. Strategy, location, and the conceptual metamorphosis of the MNE [J]. Global Strategy Journal, 2011, 1 (1 – 2): 127 – 131.

[203] Porter M E. Industry structure and competitive strategy: Keys to profitability [J]. Financial Analysts Journal, 1980, 36 (4): 30 – 41.

[204] Potterie B V P D L, Lichtenberg F. Does foreign direct investment transfer technology across borders? [J]. Review of Economics and Statistics, 2001, 83 (3): 490 – 497.

[205] Qian C, Cao Q, Takeuchi R. Top management team functional diversity and organizational innovation in China: The moderating effects of environment [J]. Strategic Management Journal, 2013, 34 (1): 110 – 120.

[206] Rivas J L. Board versus TMT international experience: A study

of their joint effects [J]. Cross Cultural Management: An International Journal, 2012, 19 (4): 546 –562.

[207] Rugman A M. Multinational business—a test of internalization theory [J]. Managerial & Decision Economics, 1981, 2 (4): 211 –219.

[208] Salomon R, Wu Z. Institutional Distance and Local Isomorphism Strategy [J]. Journal of International Business Studies, 2012, 43 (4): 343 –367.

[209] Sasidharan S, Kathuria V. Foreign Direct Investment and R&D: Substitutes or Complements—A Case of Indian Manufacturing after 1991 Reforms [J]. World Development, 2011, 39 (7): 1226 –1239.

[210] Schmidt T, Sofka W. Lost in translation empirical evidence for liability of foreignness as barriers to knowledge spillovers [R]. Zew Discussion Papers, 2006, 349 (23): 83 –95.

[211] Scott W R. Institutions and organizations [M]. Thousand Oaks, CA: Sage, 1995.

[212] Sethi D, Judge W. Reappraising liabilities of foreignness within an integrated perspective of the costs and benefits of doing business abroad [J]. International Business Review, 2009, 18 (4): 404 –416.

[213] Shenkar O. Beyond Cultural Distance: Switching to a Friction Lens in the Study of Cultural Differences [J]. Journal of International Business Studies, 2012, 43 (1): 12 –17.

[214] Shi W S, Markoczy L, Stan C V. The Continuing Importance of Political Ties in China [J]. The Academy of Management Perspectives, 2014, 28 (1): 57 –75.

[215] Shi W, Sun S L, Yan D, Zhu Z. Institutional fragility and outward foreign direct investment from China [J]. Journal of International Business Studies, 2017, 48: 452 –476.

[216] Silverman B S, Argyres N S. R&D, Organization Structure, and the Development of Corporate Technological Knowledge [J]. Strategic Management Journal, 2004, 25 (8): 929 –958.

[217] Stoian C, Mohr A. Outward foreign direct investment from emerging economies: Escaping home country regulative voids [J]. International Business Review, 2016, 25 (5): 1124 –1135.

[218] Stoian C. Extending Dunning's Investment Development Path: The role of home country institutional determinants in explaining outward foreign direct investment [J]. International Business Review, 2013, 22 (3): 615 –637.

[219] Sui Y X, Kwon Y C. An empirical study on the determinants of China inward and outward dis-focusing on the modified gravity model based on institution and location factors [J]. International Business Review, 2018 (22).

[220] Szulanski G, Ringov D, Jensen R J. Overcoming stickiness: How the timing of knowledge transfer methods affects transfer difficulty [J]. Organization Science, 2016, 27 (2): 304 –322.

[221] Trapczynski P, Banalieva E R. Institutional difference, organizational experience, and foreign affiliate performance: Evidence from Polish firms [J]. Journal of World Business, 2016, 51 (5): 826 –842.

[222] Tsai W. Knowledge Transfer in Intra-organizational Networks: Effects of Network Position and Absorptive Capacity on Business Unit Innovation and Performance [J]. Academy of Management Journal, 2001, 44 (5): 996 –1004.

[223] Wang C, Hong J, Kafouros M, Boateng A. What drives outward FDI of Chinese firms? Testing the explanatory power of three theoretical frameworks [J]. International Business Review, 2012, 21 (3): 425 –438.

[224] Wang H, Duan T, Hou W. The role of returnees in business: A Review [M]//Entrepreneur and Talent Management from a Global Perspective. Northampton: Edward Elgar Publishing, 2015.

[225] Wang Q Y. Fixed-effect Panel Threshold Model Using Stata [J]. The Stata Journal, 2015, 15 (1): 121 – 134.

[226] Wells L T. Third world multinationals: The rise of foreign investments from developing countries [M]. Cambridge: MIT Press, 1983.

[227] Witt M A. Lewin A Y. Outward foreign direct investment as escape response to home country institutional constraints [J]. Journal of International Business Studies, 2007, 38 (4): 579 – 594.

[228] Wright M, Filatotchev I, Hoskisson R E. Strategy research in emerging economies: Challenging the conventional wisdom [J]. Journal of Management Studies, 2005, 42 (1): 1 – 33.

[229] Wright M, Liu X H, Filatotchevi I. Returnee entrepreneurs, science park location choice and performance: An analysis of high-technology SMEs in China [J]. Social Science Electronic Publishing, 2010, 32 (1): 131 – 155.

[230] Wu J, Wang J, Hong J, Piperopoulos P, Zhuo, S. Internationalization and Innovation Performance of Emerging Market Enterprises: The Role of Host – Country Institutional Development [J]. Journal of World Business, 2016, 51 (2): 251 – 263.

[231] Xu D, Pan Y, Beamish P W. The Effect of Regulative and Normative Distances on MNE Ownership and Expatriate Strategies [J]. Management International Review, 2004, 44 (3): 285 – 307.

[232] Yi J, Meng S, Macaulay C D, Peng M W. Corruption and foreign direct investment phases: The moderating role of institutions [J]. Journal of International Business Policy, 2019 (2): 167 – 181.

[233] Yoo D, Reimann F. Internationalization of developing country firms into developed countries: The role of host country knowledge-based assets and IPR protection in FDI location choice [J]. Journal of International Management, 2017, 23 (3): 242 –254.

[234] Zaheer S, Nachum L. Sense of place: From location resources to MNE locational capital [J]. Global Strategy Journal, 2011, 1 (12): 96 – 108.

[235] Zaheer S. Overcoming the Liability of Foreignness [J]. The Academy of Management Journal, 1995, 38 (2): 341 –363.

[236] Zhou C, Hong J, Wu Y. Outward foreign direct investment and domestic innovation performance: Evidence from China [J]. Technology Analysis & Strategic Management, 2019, 31 (1): 81 –95.

[237] Zhu H, Xia J, Makino S. How do high-technology firms create value in international M&A? Integration, autonomy and cross-border contingencies [J]. Journal of World Business, 2015, 50 (4): 718 –728.

中国与样本国家（地区）的正式制度距离与非正式制度距离

国家/地区	收入水平	正式制度质量	正式制度距离（INSD）	非正式制度距离（CD）
新西兰	1	2.117700	4.965507	4.355944
瑞士	1	2.093899	4.776569	2.480497
挪威	1	2.071433	4.878392	4.451807
芬兰	1	2.067987	4.983229	3.532511
卢森堡	1	2.035922	4.543367	2.291277
瑞典	1	2.005408	4.763393	4.686043
荷兰	1	1.999997	4.910287	3.930309
丹麦	1	1.990312	4.588591	5.072931
新加坡	1	1.945806	4.167871	0.582624
加拿大	1	1.896485	4.185255	3.455785

国家/地区	收入水平	正式制度质量	正式制度距离（INSD）	非正式制度距离（CD）
秘鲁	2	0.171996	0.735609	2.789386
印度尼西亚	2	0.171599	0.466503	0.588973
哥伦比亚	2	0.125401	0.585905	3.812414
苏里南	2	0.111998	0.813553	3.958256
巴林	1	0.081028	0.195313	1.989068
沙特阿拉伯	1	0.076306	0.092550	1.947890
巴西	2	0.069109	0.724513	1.986190
泰国	2	0.031426	0.067501	2.045117
摩洛哥	3	0.006517	0.185953	2.461426
贝宁	3	0.002083	0.721854	3.273055

续表

国家/地区	收入水平	正式制度质量	正式制度距离(INSD)	非正式制度距离(CD)	国家/地区	收入水平	正式制度质量	正式制度距离(INSD)	非正式制度距离(CD)
澳大利亚	1	1.882189	4.312588	4.496961	哈萨克斯坦	2	-0.016880	0.088345	1.976684
德国	1	1.802386	4.111449	1.993659	菲律宾	3	-0.028295	0.438791	1.434099
奥地利	1	1.768250	3.718434	3.616248	墨西哥	2	-0.046029	0.534583	3.993194
爱尔兰	1	1.702964	3.417544	3.670287	越南	3	-0.046503	0.072236	0.670494
日本	1	1.647899	2.933524	2.203379	赞比亚	3	-0.056702	0.442332	2.447347
英国	1	1.640468	3.927888	3.389956	土耳其	2	-0.169439	0.105763	2.109188
美国	1	1.548233	3.080470	4.120736	科特迪瓦	3	-0.191026	0.463299	3.283108
比利时	1	1.489092	2.974967	2.787280	坦桑尼亚	3	-0.242424	0.542499	1.395379
法国	1	1.423378	2.745748	2.472652	肯尼亚	3	-0.264023	0.384731	1.203023
葡萄牙	1	1.379245	2.127456	3.557209	巴布亚新几内亚	3	-0.274199	0.750426	3.275813
马耳他	1	1.366352	2.266053	3.366606	塞拉利昂	4	-0.279760	0.950582	3.275813
智利	1	1.312743	2.399489	3.409581	乌干达	4	-0.284374	0.382791	1.594833
捷克	1	1.258118	2.004259	1.426576	吉尔吉斯斯坦	3	-0.323095	0.552812	1.976684
韩国	1	1.216742	1.911036	1.545018	俄罗斯联邦	2	-0.330397	0.241853	1.952715
乌拉圭	1	1.170357	1.796612	3.624372	乌克兰	3	-0.370924	0.574428	2.447347
西班牙	1	1.115013	1.857280	2.403211	利比里亚	4	-0.424452	1.248568	3.278926

续表

国家/地区	收入水平	正式制度质量	正式制度距离（INSD）	非正式制度距离（CD）	国家/地区	收入水平	正式制度质量	正式制度距离（INSD）	非正式制度距离（CD）
斯洛伐克	1	0.980011	1.377284	1.559910	尼日尔	4	-0.428412	0.496143	3.277263
阿拉伯联合酋长国	1	0.966003	1.027023	2.266963	毛里塔尼亚	3	-0.451898	0.526017	3.273404
以色列	1	0.965976	1.888287	3.972908	莫桑比克	4	-0.472609	0.730028	3.045296
波兰	1	0.953982	1.344750	2.611383	多哥	4	-0.485082	0.605390	3.276275
佛得角	3	0.812982	1.242553	3.772276	孟加拉国	3	-0.506612	0.585412	0.872812
意大利	1	0.794270	1.344760	2.209706	阿尔及利亚	3	-0.508845	0.674108	1.971252
马来西亚	2	0.781665	0.766106	1.432313	埃及	3	-0.509836	0.386163	1.970715
匈牙利	1	0.768837	0.825149	2.927453	埃塞俄比亚	4	-0.526089	0.452661	1.255577
克罗地亚	1	0.745447	0.829595	1.493204	马里	4	-0.594450	0.713348	3.271777
塞舌尔	1	0.667652	0.630279	1.600785	安哥拉	3	-0.606990	0.905856	3.743233
卡塔尔	1	0.655067	0.455442	1.987919	几内亚	4	-0.631889	0.816227	3.275369
纳米比亚	2	0.603348	0.741741	2.369376	乌兹别克斯坦	3	-0.641759	0.709312	1.976684
希腊	1	0.585214	0.992555	3.227851	巴基斯坦	3	-0.661503	0.437062	1.524125
阿曼	1	0.446195	0.226661	1.979586	伊朗	2	-0.693767	0.703305	2.621926
南非	2	0.435016	0.789557	2.734820	尼日利亚	3	-0.765068	0.895055	2.846866

续表

国家/地区	收入水平	正式制度质量	正式制度距离（INSD）	非正式制度距离（CD）	国家/地区	收入水平	正式制度质量	正式制度距离（INSD）	非正式制度距离（CD）
加纳	3	0.352738	0.782189	3.390889	刚果（布）	3	-0.803679	1.287175	3.022399
阿尔巴尼亚	2	0.318668	0.554180	0.891660	塔吉克斯坦	4	-0.902761	1.078011	1.976684
阿根廷	2	0.314305	0.728454	3.543289	赤道几内亚	2	-0.983546	1.703407	3.275369
卢旺达	4	0.302420	0.168929	1.598252	伊拉克	2	-1.233345	1.561209	2.298725
塞内加尔	3	0.230658	0.576003	2.372129	苏丹	4	-1.272116	1.816723	1.593925
印度	3	0.200463	0.581740	0.744744	利比亚	2	-1.597606	3.071931	1.976670
科威特	1	0.193356	0.209238	2.438463	也门	4	-1.686836	2.562431	1.970715

注：本表中"收入水平"数字表示为：1——高收入；2——中高收入；3——中低收入；4——低收入。